歴史文化ライブラリー
272

足利尊氏と直義

京の夢、鎌倉の夢

峰岸純夫

吉川弘文館

目　次

歴史における兄弟の相剋――プロローグ

1　歴史における兄弟の相剋

同じ父母、ないしは父か母のどちらかから生まれた兄弟姉妹が、助け合って困難を乗り切った、ないしは終世協力関係を維持したうるわしい話はよく聞くことである。しかし、夫婦であっても親子であっても、いがみあったり憎しみあったりして関係が悪化する場合があるのと同様に、兄弟姉妹でも憎悪にさいなまれる関係にある場合をしばしば見聞きするところである。とくに、現代において多額の遺産相続に直面した場合、兄弟姉妹はともかくとしても、その背後にある配偶者の力が働いて関係がこじれ、抜き差しならない相続争いに逢着《ほうちゃく》してしまい、裁判で決着をつけたが遺恨が長く尾を引く場合がしばしば出現する。それを避けるために、遺産を公的機関や福祉関係に寄付するというケースも出てきているという。「児孫のために美田を残さず」という西郷隆盛の言葉も一つの見識であろう。

私が少年時代に読んだ吉川英治『三国志』の一挿話、豆と豆ガラの話は今も印象深く心に残っている。中国古代の三国時代に、魏《ぎ》の曹操《そうそう》が没して、その王位は嫡子の曹丕《そうひ》に継承されたが、詩文の才能があり父から愛されていた弟の曹植《そうしょく》は、兄に疎《うと》まれ叛乱の嫌疑で死罪に処せられようとする。そのとき兄は、弟に対して七歩を歩く間に詩を作れば命を助けるとの無理難題を申しつける。曹植は、「豆を煮るのに豆ガラを焚く　豆は釜中《ふちゅう》にあって泣く　元は同根より生ずるを　相い煮ることなんぞはなはだ急なる」と。並み居る人びとを感動させて、弟は罪一等減ぜられて追放の身となり寂しくその場を去っていく。当時私は、煮られる立場も哀れだが、煮るほうも自身が火だるまになってしまうのだから両方とも可哀そうだと、子供心に思った。この挿話がながく印象に残った理由は、私の置かれた境遇にもよる。私は異母兄弟の弟で、義兄との関係はすこぶる良かったのだが、義兄をめぐる祖母と母の確執につねに心を痛めていたからである。やがて義兄は、年若くして自立して東京に勤めに出て行ったのである。

歴史上でみてみると、鎌倉幕府成立期の源頼朝・義経の対立は有名であるが、それに次ぐものとして、足利尊氏《あしかがたかうじ》・直義《ただよし》の深刻な対立が目につく。本書においては、南北朝内乱期の一過程に発生した観応《かんのう》の擾乱《じょうらん》という尊氏・直義兄弟の争闘、その対立を継承した尊氏子息の義詮《よしあきら》と直冬《ただふゆ》（直義の養子となる）異母兄弟の確執に着目し、それらの要因を探り室町幕府と鎌倉府という二元的な国家支配体制確立の政治過程のなかに位置づけてみようと思う。

なお、尊氏は建武政府成立以前には高氏を称し、鎌倉幕府討滅の功績で後醍醐《ごだいご》天皇からその名尊治《たかはる》の一字を与えられて尊氏と改名した。しかし、本書では紛らわしいので尊氏を通して使用する。

足利氏のふるさと

足利荘と鎌倉

下野国足利荘と鎌倉

足利荘

渡良瀬《わたらせ》川を境界として、上野国《こうずけのくに》と境を接する下野国《しもつけのくに》の西南部、古代の足利郡・梁田《やなだ》郡は、平安末期における荘園公領制成立のなかで、北部の足利郡は院家領の安楽寿院《あんらくじゅいん》領足利荘に、南部の梁田郡の過半は伊勢皇大神宮領梁田御厨《やなだのみくりや》になっていった。足利郡には足利郡司として先行してこの地域に勢力を張る秀郷流《ひでさとりゅう》藤原氏（藤原姓足利氏）の俊綱・忠綱父子が勢力を張り、遅れて源姓足利氏が南の梁田御厨に進出していた。治承《ちしょう》・寿永《じゅえい》内乱期に俊綱・忠綱は常陸の志田義広と結び、志田氏が源頼朝方の下野最大の豪族小山朝政《おやまともまさ》と野木宮合戦で敗北し滅亡すると命運をともにした。その結果、源姓足利氏（義康・義兼）は両地域を併呑《へいどん》することとなった。そして、この地は一体化した

図１　鑁阿寺(左)と足利学校跡(右)（足利市所在、足利市役所提供）

図２　鑁阿寺大御堂（同所在）

複合荘園の「足利荘（別名、梁田御厨）」として中世には存続し、本家（上級領主）である院家と伊勢皇大神宮のそれぞれに年貢納入を行うことになったのである。

足利氏は、足利郡五ヵ郷の地に二町（二〇〇メートル余）四方の居館を築いたが（現在の鑁阿《ばんな》寺《じ》）、その東南方約二キロの地にあたる勧農郷《かんのうのごう》の国府野《こうの》の地を、従来からの足利郡衙《ぐんが》を継承して政治支配のもう一つの拠点にした。なお、国府野の地には以前に藤原姓足利氏の居館があった可能性が強く、源姓足利氏はこれを継承することになった。すなわち、足利氏は、家支配の拠点である居館と公的な地域政治支配の役宅を併せ持ち、二元的構造の支配の拠点としたのである。足利氏が室町幕府を開いて以後、幕府御料所となった足利荘の現地政《まん》所《どころ》がこの勧農郷に置かれ、一五世紀中葉に関東管領《かんとうかんれい》山内上杉氏の家臣長尾景人《ながおかげひと》が入部するまで、幕府政所から代官が派遣されてその支配に当たっていた。

足利氏の系譜

この間、足利氏は義康・義兼・義氏・泰氏・頼氏・家時・貞氏・高氏（初名、後に尊氏）と八代が続く。義兼は源頼朝の奥州攻めに参加した後に、荘内北部の樺崎郷《かばさきごう》に赤御堂《あかみどう》（樺崎寺）を創建し、後にこの地に隠棲した。没後にここは墓所となり義兼は赤御堂殿と称せられた。その後、樺崎寺は足利氏歴代の菩提寺となった。その子義氏は父義兼の館に鑁阿寺を創建してこれを足利氏の氏寺《うじでら》とした。足利氏は源

図3　足利氏関係系図

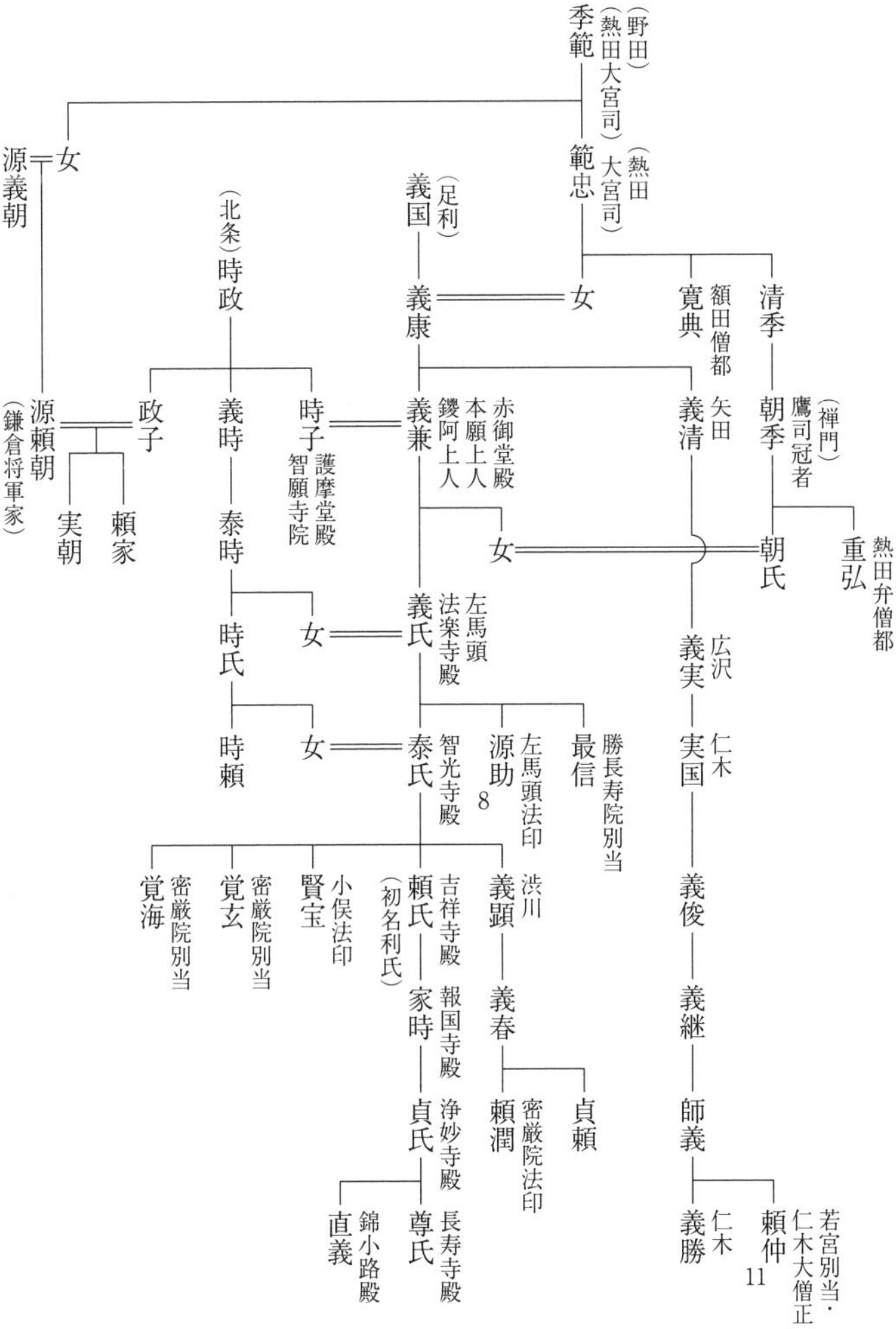

注1　小俣は鶏足寺、密厳院は走湯山。
2　算用数字は樺崎寺寺務歴代。

図4　(伝)北条時子五輪塔（足利市・法玄寺所在）

氏一門で、幕府成立期の功労者ということもあって、幕府に重用され、三《み》河《かわ》・上総《かずさ》の守護職を獲得しここに勢力を張るとともに、陸奥国《むつのくに》加美郡や美《みま》作国《さかのくに》など全国各地に散在所領を保持して大きな勢力となっていった。

足利氏祖の義康の妻は、熱田大宮司範忠の娘であるが、義兼は源頼朝の妻、北条政子（北条時政の娘）の妹時子を妻とし、その後代々執権《しっけん》北条氏から妻を迎える慣《なら》わしになっていた。義氏・泰氏、一代飛んで家時も執権北条氏から妻を迎えた。ところが、頼氏は北条氏一門、貞氏は家臣筋の上杉氏から妻を迎えた。尊氏の場合は、母（貞氏の妻）は上杉頼重の娘で、妻は北条久時の娘であった。このように北条氏とは強い縁で結ばれていたが、鎌倉末期になると上杉氏の血筋がより強くなっていくのである。

鎌倉の本拠

鎌倉における足利氏の館（邸宅）の記録はいくつかある。

①　寛喜《かんぎ》三年（一二三一）二月十一日に若宮馬場本にあった足利左馬頭《さまのかみ》（義氏）宿舎が失火で焼失し放火の噂が立った。

②　寛元《かんげん》元年（一二四三）正月九日、足利大夫判官（家氏）の亀谷亭《かめがやってい》の向かい側の人家が焼失している。鎌倉時代末期の貞氏亭は、大蔵にあった。

③　宝治《ほうじ》二年（一二四八）閏十二月十日、将軍藤原頼嗣《よりつぐ》は、鶴岡八幡宮《つるがおかはちまんぐう》寺別当坊持仏堂に八幡大菩薩御影像を奉納するための「御方違《かたたがえ》」（行き先の方位が不吉なため他の場所に立ち寄る）として、「足利左馬入道義氏大倉亭」に立ち寄っている（以上、『吾妻《あずま》鏡《かがみ》』）。

④　「平安京宮図」に大倉稲荷下の足利上総前司屋形（貞氏邸）で元応《げんおう》元年（一三一九）八月三日に書写したと記されている（『鎌倉市史』総説編）。

⑤　元弘《げんこう》三年（一三三三）五月七日足利尊氏が丹波国篠村八幡宮において倒幕蜂起をしたとき、鎌倉の留守を預かっていた嫡子千寿王《せんじゅおう》は、五月二日夜半に「大蔵谷《おおくらのやつ》を落ちて行き方知らず成りたまひける。これによつて鎌倉中の貴賤、すはや大事に出できぬるはとて、騒動なのめならず」（『太平記』巻十）とある。

以上五点の記録を総合してみると、①は「亭」でなくて「宿舎」で一時的なものと考えられる。②の亀谷亭は、父義氏在世中の子の泰氏の館であり、③④⑤の大倉（大蔵）亭が鎌倉時代を通しての足利氏の館と考えてよいだろう。大倉稲荷については、現在特定することはできないが、鶴岡八幡宮の東に接し東西の横大路に面した鎌倉の中心部に館を構えていたことが知られる。

足利尊氏《あしかがたかうじ》・直義《ただよし》兄弟が貞氏を父に上杉頼重娘の清子を母として生まれたのは、この鎌倉大倉邸（ないし近くの上杉亭）であろう。尊氏は嘉元三年（一三〇五）、直義は翌四年に年子として生まれた。このときは、この兄弟がやがて骨肉の争いを展開しようとは誰も予測したものはいなかったと思う。

樺崎寺の五輪塔群

樺崎寺

足利市の樺崎寺《かばさきでら》は、足利義兼の墳墓の地を出発点にして、「代々先君の御菩提所、都鄙《とひ》の将軍家御墓、五輪の石塔甍《いらか》を並べ、御仏事退転なく」と記される菩提寺で（「鑁阿寺文書」）、足利氏の館から転化した氏寺《うじでら》の鑁阿寺《ばんなじ》とともに、足利氏にとってのセットをなす最重要寺院であった。八幡山東の山裾と、その東を流れる小河川樺崎川と間のおよそ幅一〇〇メートル、南北三〇〇メートルほどの低地空間に寺は立地していた。中世においては、山裾の部分に足利義兼の入定《にゅうじょう》の場である赤御堂《あかみどう》を中心に多宝塔や五輪塔が立ち並び、その東の平地部分には、赤御堂を上御堂に見立てて名づけられた「下御堂」（法界寺《ほうかいじ》、宝幢院《ほうとういん》とも称す）や、寺の管理機構の西・東・辻の三部屋（それぞれ二口《こう》、計六口

図５　樺崎寺跡の景観（足利市所在、足利市教育委員会提供）

図６　樺崎八幡宮絵図（左に大型、右にやや小型の五輪塔群、同提供）

図７　樺崎寺多宝塔跡（同所在）

図８　樺崎寺赤御堂池（同所在）

図９　10基の五輪塔が建ち並んでいた足利氏御廟跡（同所在、同提供）

の供僧《ぐそう》が置かれる）などの堂宇など、それに浄土式庭園の広大な赤御堂池が配置されていた。近世に入ってもこの構成は若干の変貌を遂げながらも維持されてきたが、明治維新後の神仏分離の際に、寺内にあった境内社の八幡宮を選択して寺から神社への転換が行われ（法界寺は残る）、仏像や墓塔を西南西一・一キロほどの菅田にある末寺の光得寺に移転させてしまい、樺崎八幡宮として今日に至っている。

平成二十年（二〇〇八）三月十九日、東京在住の所蔵者からニューヨーク・クリスティーズでの競売にかけられ、三越の委託で東京都立川市の真如苑《しんにょえん》が一二八〇万ドル（一二億七〇〇〇万円）で落札して話題となった運慶《うんけい》作大日如来坐像（高六六・一センチ）は、樺崎寺の下御堂（法界寺）に足利義兼が子の瑠璃王御前《るりおうごぜん》・薬寿王御前《やくじゆおうごぜん》の菩提を弔うために造立・安置されていたもので（「鑁阿寺文書」の「鑁阿寺・樺崎縁起幷仏事次第」）、神仏分離の際に流出されたものと推定されている。

昭和四十五年（一九七〇）ごろ川島トキ氏が近世の絵図を筆写したといわれる樺崎八幡宮絵図（田代金次郎氏所蔵、図6）、によると、中世の赤御堂の位置に建てられた八幡宮を中心にして、その南に義兼塔といわれ現在も場所を移動して建てられている宝塔と、その南に一〇基の大型五輪塔群が並んで描かれている。一方、八幡宮の北には九基のやや小型五輪塔が描かれている。これら合わせて一九基の五輪塔は、菅田の光得寺に移建されたときは、一列に順序を配慮せずに建てられてしまったらしい。これらの五輪塔はいったい誰の墓塔であったのだろうか。

五輪塔群の調査

一九八四〜九四年度に行われた樺崎寺の発掘調査の報告書作成過程で、この光得寺へ移建された五輪塔群の調査が行われた（『法界寺跡発掘調査概要』足利市教育委員会、一九九五年）。この遺跡は、従来は「法界寺跡遺跡」と称されていたが、文献史料の検討と発掘調査を踏まえて、法界寺は樺崎寺のなかに包摂された寺堂であることが判明したので、遺跡の国指定化に関連して遺跡名称を「樺崎寺跡遺跡」と

図10　樺崎寺五輪塔群（足利市・光得寺所在）

（前列南から）

（後列南から）

（後列北から）

している。

これら多くの凝灰岩製（一部は安山岩製）の五輪塔は磨耗が激しく、地輪部にあったと考えられる銘文の残存度が著しく悪い。銘文の確認できるものは次の四基にすぎない（番号は光得寺の南からの配列順、推定根拠は、清源寺本「高氏系図」）。

④「□永二年五月廿四日」という忌日がみられ、「□永」は「康永」と考えられるから、これは、高師重《こうのもろしげ》の忌日と一致する。

⑥「□□寺殿」とあり、□□のところの残欠が辛うじて「浄妙」と判読でき、浄妙寺殿すなわち足利尊氏の父貞氏と判断できる。

⑭「月海円光大禅門　応安四年辛亥三月」とあり、高《こう》一族の南宗継《みなみむねつぐ》のものと判断できる。

⑮「前武州太守道常大禅□□　観応二年辛卯二廿六日」とあり、欠字は「定門」と考えられ、官職・法名・忌日から高師直《もろなお》に比定される。この五輪塔は安山岩製である。

この他、文政《ぶんせい》元年（一八一八）九月の「足利鑁阿寺縁起追加」に「真止山上人（足利義兼）霊堂左右石塔二十有余、一、浄妙寺殿、一、長寿寺殿、一、月海円光大居士、其余文字破壊不知」とあり、江戸時代末期に「長寿寺殿」（足利尊氏）が判読できたことが知られ

図11　高氏関係系図

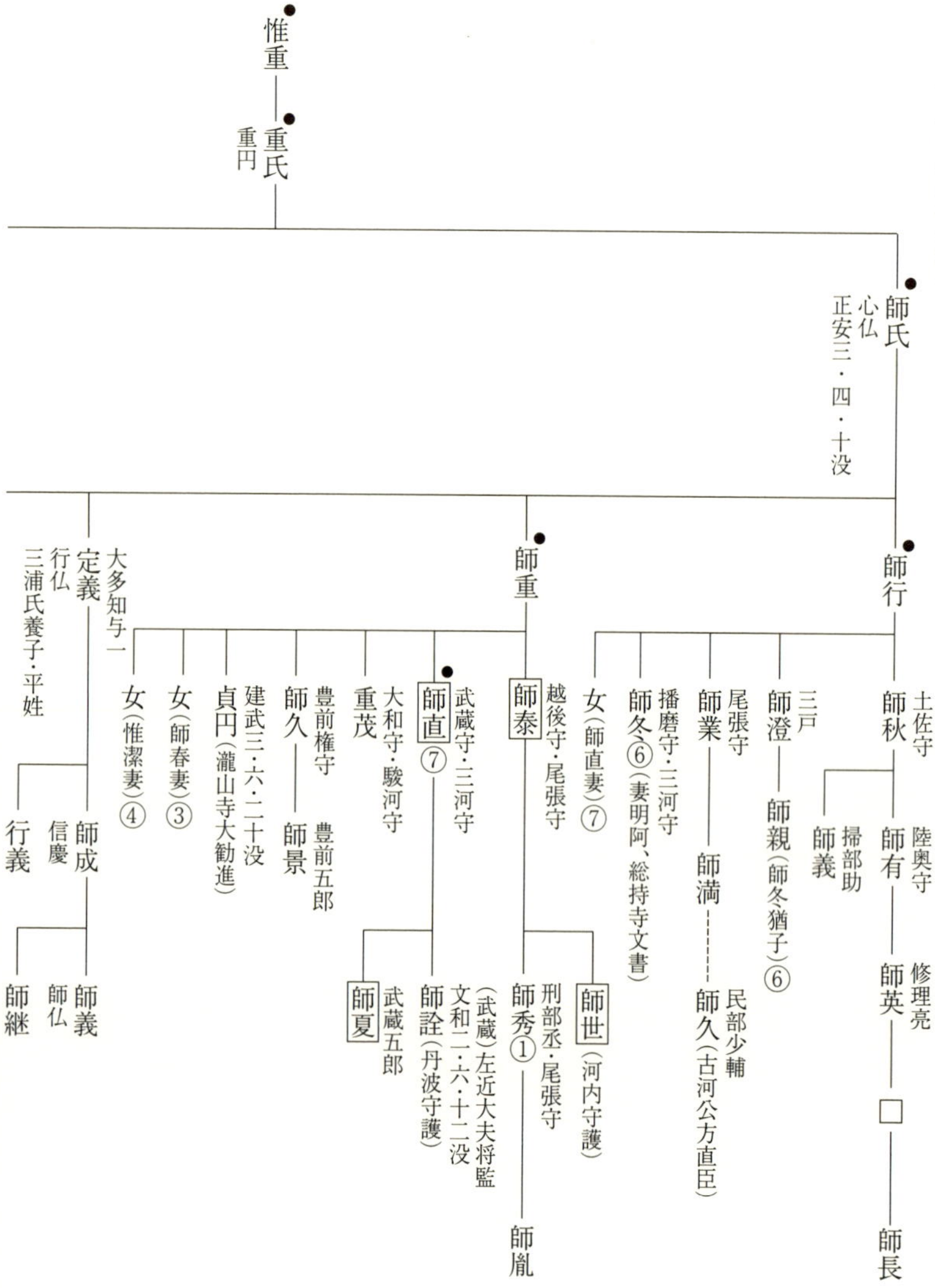
惟重
重氏
重円
師氏
心仏
正安三・四・十没
師行
師秋
土佐守
師有
陸奥守
師英
修理亮
□
師長
師義
掃部助
師澄
三戸
師親（師冬猶子）⑥
師業
尾張守
師満
師久
民部少輔
（古河公方直臣）
師冬⑥
播磨守・三河守
（妻明阿、総持寺文書）
女（師直妻）⑦
師重
師泰
越後守・尾張守
師世
（河内守護）
師秀①
刑部丞・尾張守
師胤
師直⑦
武蔵守・三河守
師詮（丹波守護）
文和二・六・十二没
（武蔵）左近大夫将監
師夏
武蔵五郎
重茂
大和守・駿河守
師久
豊前権守
師景
豊前五郎
貞円（瀧山寺大勧進）
建武三・六・二十没
女（師春妻）③
女（惟潔妻）④
大多知与一
定義
行仏
三浦氏養子・平姓
師成
信慶
師義
師仏
師継
行義

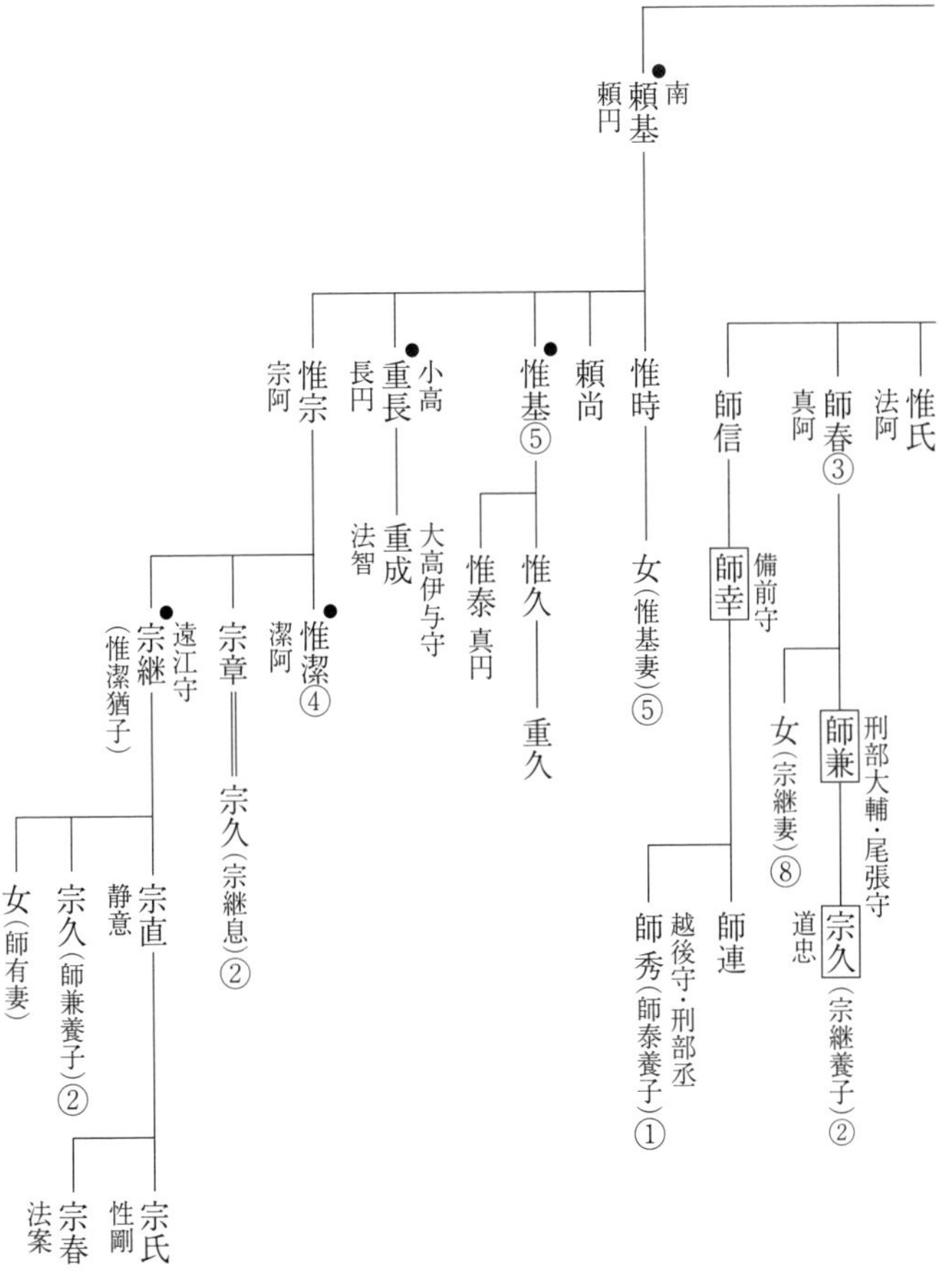

注
1　番号の同じものは、養子・婚姻関係を示す。
2　□は、観応二年二月二十七日、摂津武庫川（打出浜）で殺された人物。
3　●は、足利家執事（執権）となった人物（清源寺本「高（高階）氏系図」による）。

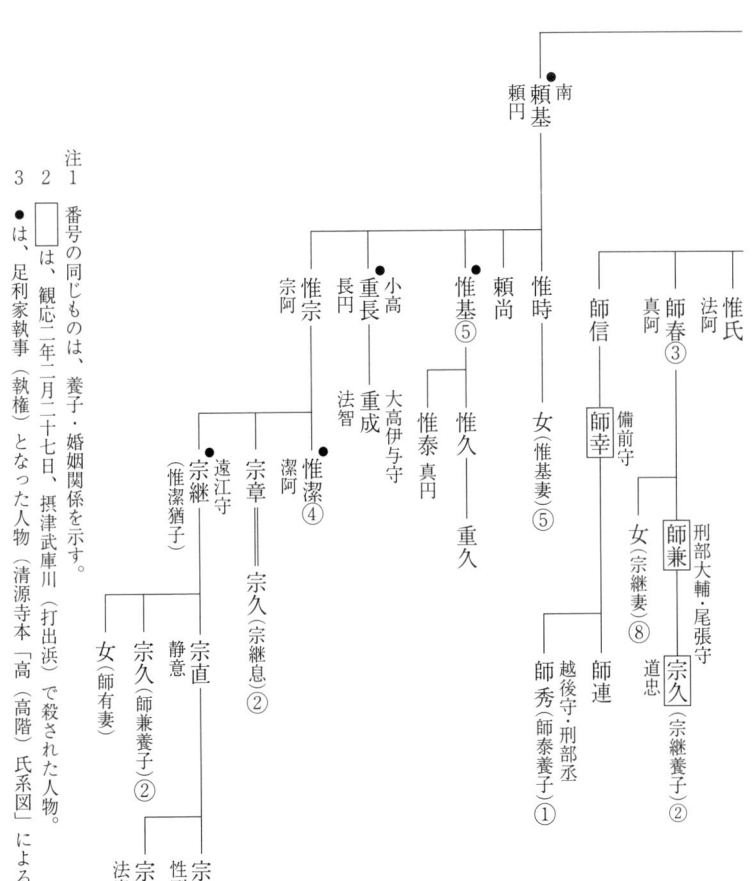

る。また、応永《おうえい》二十八年（一四二一）八月二十八日に「椛（樺）崎法界寺道場」において、「勝光院殿御追善十三回ならびに御廟《ごびょう》供養《くよう》」が行われたことがあり、勝光院（鎌倉公方《かまくらくぼう》足利氏満《うじみつ》）の墓塔があったことが知られる（以上、「鑁阿寺文書」）。八幡宮南の五輪塔旧在地の発掘調査の結果によると、一〇基の五輪塔の覆屋《おおいや》の瓦が大量に出土し、この年代が一五世紀前半のものと推定されることから、この法要の際に覆屋が建てられたことが考えられる。さらに、樺崎寺は「代々先君の御菩提所、都鄙（京都・鎌倉）の将軍家御墓として、五輪石塔甍《いらか》を並べ」とあり（「鑁阿寺・樺崎縁起幷仏事次第」、以上いずれも「鑁阿寺文書」）、「代々の先君」といわれる鎌倉時代の足利氏祖先と京都将軍と鎌倉公方の五輪塔一〇基が八幡宮（旧赤御堂）の南側にあったことが知られる。現存する足利義兼の宝塔を別として、義氏・泰氏・頼氏・家時・貞氏・尊氏・義詮・基氏・氏満・満兼の一〇人の墓塔がこの八幡宮南側に描かれた五輪塔であったと考えられる。足利直義《あしかがただよし》の五輪塔が存在するか否かは大問題であるが、もし直義が入るとすると、前記の満兼は落ちるかもしれない。しかし、直義はなかったと思う。それは、直義は建武政権下の鎌倉将軍府の事実上のトップ（執権相当）ではあっても鎌倉公方ではなかったからである。

一方、北側の九基は高氏の五輪塔群で、その内容は、前記のように師重・師直・南宗継の三人は明らかであるが、他の六人は不明である。この三人に共通するところは、いずれも足利家の執事（清源寺本「高氏系図」では「執権《しっけん》」）経験者で、師重は足利貞氏・尊氏《たかうじ》の執事、師直と南宗継は尊氏の執事である。このように考えると、五輪塔の主は義兼以来の足利氏歴代の執事を勤めた人物の可能性が高い。この執事を務めた人物は、前記三人以外に、系図では一二人認められるが（図11参照）、そのうち主要な六人がそれに該当すると考えられるが、その人物をすべて特定することはできない。

足利氏と高氏の菩提を弔う五輪塔

以上のように考えると、樺崎寺の五輪塔群は足利氏の歴代当主とそれを支えた執事の高氏一族であったということである。この主従の鎮魂・慰霊とその菩提を弔うためのものであり、樺崎寺の主な機能もこのようなものであったということができる。足利氏歴代と個々の菩提寺、およびその執事高氏との関係は、表1に示す。高氏の五輪塔が樺崎寺のなかに建立されている理由は、高師直らの滅亡後高一族の中心となった高南氏《こうみなみ》（宗継）が足利荘名草郷を中心に足利荘北部に所領を持ち、おそらく樺崎郷をもその支配下においていたことによるものと思われるが、鎌倉・南北朝期を通じて執事職を相伝して足利氏を支えてきた誇りを内外に示すためのものであったと思われる。

表1　足利氏執事（「執権」）一覧

代	足利氏歴代	法号（菩提寺）	執事（「執権」）の高氏
1	義康	—	惟長
2	義兼	赤御堂殿	惟長・惟忠
3	義氏	法楽寺殿	惟忠・惟行・惟重・義定
4	泰氏	智光寺殿	惟行・惟綱
5	頼氏	吉祥寺殿	惟綱・重氏
6	家時	報国寺殿	重氏・師氏
7	貞氏	浄妙寺殿	師氏・師行・師重・頼基・惟基・重長
8	高（尊）氏	等持院殿	＊師直・宗継

注1　清源寺本「高（高階）氏系図」による。
2　＊の師直には執事の記載はないが、他史料によって補った。

室町幕府成立へ

尊氏・直義のあゆみ

尊氏の蜂起——元弘の乱

元弘《げんこう》三年（一三三三）足利尊氏《あしかがたかうじ》と新田義貞《にったよしさだ》が東西呼応しての連携作戦によって、北条高時打倒に蜂起して鎌倉幕府の死命を制した。この元弘の乱から建武《けんむ》政権の崩壊に至る南北朝内乱の過程を活写した軍記物語『太平記』

『太平記』の主役たち

のなかで、とくに活躍した人物名の記述回数一〇〇回以上のベストナインは次のようになる。

①足利尊氏四六四、②新田義貞三八一、③後醍醐《ごだいご》天皇三一七、④高師直《こうのもろなお》二四一、⑤足利直義《ただよし》二三一、⑥足利義詮《よしあきら》二〇〇、⑦楠木正成《くすのきまさしげ》一七三、⑧新田義助《よしすけ》一一八、⑨北条高時一一二。

尊氏・直義兄弟とその家臣高師直ら足利氏と義貞・義助兄弟の新田氏が群を抜いて活躍したことになる。『太平記』の主要な対抗機軸はここにあり、義貞戦死後に尊氏・直義兄弟の対立抗争が激化して観応《かんのう》の擾乱《じょうらん》となり、両派入り乱れて争うなかで南朝方は勢力を盛り返し、三派鼎立《ていりつ》の抗争となって南北朝内乱は長期化してしまう。

尊氏・直義の蜂起

足利尊氏の倒幕蜂起、六波羅《ろくはら》攻めの経過は次のようなものである。元弘元年（一三三一）八月、後醍醐天皇は京都を脱して笠置山《かさぎやま》に逃れ、河内《かわち》の楠木正成、播磨《はりま》の赤松円心らが天皇方として蜂起し、この追討のために幕府は関東から大仏貞直《おさらぎさだなお》・金沢貞冬・足利尊氏らを五日に上洛させた。この間、六波羅の軍勢は笠置を攻め、関東よりの軍勢の支援を得て九月二十八日にようやく笠置を攻め落としたが、後醍醐天皇は辛うじて笠置を脱出している。この上洛の折、九月五日に尊氏の父貞氏が死去している。『太平記』は、元弘三年に尊氏がふたたび上洛したときに父の死去に逢い、喪中に出陣を強制されたことで北条高時を怨んだと記しているが、『尊卑分脈《そんぴぶんみゃく》』による貞氏の没年が正しいとすると、『太平記』作者はこの二つの上洛を混同して記述したものと思う。二度目の上洛の折に前回の上洛の際の悲嘆が想起されたということであろう。

幕府軍は元弘三年三月二十七日に鎌倉を出陣し、四月十六日に京都に着陣している。幕府軍は河内道・大和道・紀伊道に分かれ反幕府方の鎮圧に出陣することになった。尊氏（「足利蔵人二郎跡」）は、名越高家《なごえたかいえ》を大将とする紀伊道軍に属し、新田義貞（「新田一族」）は大和道軍に属した（「楠木合戦注文」）。

足利氏と新田氏

この間に、足利・新田の間に反幕連携の謀議が形成されていたと思われる。新田氏一族で母系は新田、父系は足利という両属関係にある新田岩松氏（以下、岩松氏と記す）の相伝文書である「正木文書」に、次の二つの文書目録がある。

Ａ　応永二十二年十月十五日岩松満親文書注文
①一、紀五（政綱）方より、田嶋方への内状一通
②一、長寿寺殿（足利尊氏）御書、新田下野五郎（岩松経家）殿へ五通

Ｂ　応永三十三年岩松満長代成次安堵申状
③一通　元弘三年四月二十二日先代（北条高時）退罰御内書
④一通　同年七月十九日綸旨《りんじ》
⑤二通　御感幷御内書
⑥一通　官途幷恩賞御申御沙汰御書

④⑤⑥は、建武政府成立以後の岩松経家に対する恩賞関係の発給文書である。経家は鎌倉攻めの段階では下野五郎を称し（「有浦文書」）、建武政府成立以後に兵部大輔の官途を得ている（「由良文書」）。①②③は蜂起の時期のものである。④の後醍醐天皇綸旨は、鎌倉攻めの勲功によって岩松経家《つねいえ》が伊勢国笠間庄など一〇ヵ所の所領を与えられた文書である（「由良文書」）。その他は足利尊氏―岩松経家関係文書で、①は足利氏家臣紀五政綱《きごまさつな》が岩松氏一族の田嶋氏に宛てた書状、②は尊氏から経家への書状群、③は尊氏の軍勢催促状である。③の日付が四月二十二日となっていることは、四月二十五日の篠村《しのむら》八幡宮での挙兵の三日前、京都から発せられたものである。京都と上野国新田荘の文書連絡は一〇日前後を必要としたと考えられるが、これらの文書は五月八日の義貞蜂起以前に新田に到着していたと考えてよい。このとき、義貞・経家も河内の千早城攻めから離脱し故郷に帰っていた。これらの文書の多くが正木文書のなかにみられないことは問題であるが、足利尊氏が新田一族の岩松経家を通じて新田義貞との連携を図っていたことは確認できる。

鎌倉を出陣した尊氏・直義兄弟は、途中の三河国矢作宿《みかわのくにやはぎ》で伯耆《ほうき》の後醍醐天皇の倒幕綸旨を得ている（『太平記』『梅松論《ばいしょうろん》』）。この時点で倒幕の意向に転じたと思われる。四月十六日の京都に着いた尊氏軍は、四月二十七日に伯耆の後醍醐天皇を撃つために丹波国篠山《たんばのくにささやま》

図12　篠村八幡宮（亀岡市所在、齋藤慎一氏撮影）

に入ったが、別に出陣した総大将の名越高家は、この日に山城《やましろ》の久我荘《こがのしょう》において赤松円心・千種忠顕《ちぐさただあき》らの反幕府軍と交戦して討死にしてしまう。この事件は尊氏の決意を決定づけ、この日に篠村八幡宮において幕府討滅の旗を神前に掲げ、諸国の武士に軍勢催促状を発して京都に引き返して五月七日に六波羅を攻め滅ぼすことになる。

一方、関東では尊氏嫡男の千寿王《せんじゅおう》（後の二代将軍義詮）が五月二日夜半に鎌倉を脱出した。義貞は五月八日に上野国新田荘の生品明神《いくしなみょうじん》で蜂起して鎌倉攻めに出陣し、遅れて十二日に鎌倉の大蔵谷館を脱出していた千寿王は家臣の紀五政綱に擁され、新田一族の世良田義政と新田荘世良田宿に第二次の蜂起をし、義貞本隊の後を追い鎌倉攻めに加わった。先述の「正木文書」目録の①によって、紀五政綱が岩松氏との接触を行っていたことが知られる。鎌倉幕府が崩壊し北条高時（元執権《しっけん》、得宗《とくそう》）が自刃したのは五月二十一日で、義貞の蜂起より一三日後、尊氏の蜂起から二三日後のことである。

建武政権下の尊氏と直義

建武政権の成立と鎌倉

鎌倉幕府の崩壊後、後醍醐《ごだいご》天皇による公武一統の建武《けんむ》政権が実現した。この政権のなかで、第一級の戦功を挙げた足利尊氏《あしかがたかうじ》は、武蔵国《むさしのくに》の国司・守護兼帯、上総守護に補任《ぶにん》され、各地に多くの所領を獲得したが、中央政府の職制のなかでの処遇は鎮守府将軍という閑職にとどまり、政権のなかに「尊氏ナシ」(『梅松論《ばいしょうろん》』)などと評されたという。しかし、足利氏は鎌倉を中心に東国に勢力を築くことに努力を傾けていた。

鎌倉攻めの功労者の筆頭は新田義貞《にったよしさだ》であるが、それをバックアップしたのは尊氏の分身である千寿王《せんじゅおう》を擁した紀五政綱《きごまさつな》ら足利軍団で、両者の間に戦後の鎌倉での主導権争いが発生している。鎌倉攻めに参加した東国の武士たちは、その功績を侍大将《さむらいだいしょう》に認定してもらう軍忠状《ぐんちゅうじょう》を提出して「承り候いおわんぬ」という証判を得て、新しく成立した建武政府の恩賞奉行に提出して、後の恩賞（所領獲得）の証拠とする。新田氏関係に提出された軍忠状は計一一通、その証判の内訳は、義貞五通、大館幸氏・氏明三通、岩松経家・経政三通、里見氏義一通と多いが、新田氏に提出すると同時に足利氏にも二重に提出している常陸《ひたち》の大塚員成（「大塚文書」）、信濃《しなの》の市河一族（「市河文書」）らがいる。主導権争いの推移を見定めようとする機運が見て取れる。

義貞は、北条氏一門が最期を遂げた東勝寺近くの勝長寿院（大御堂）を陣所として、武将の船田義昌は市中の残党狩りを行い、高時の子邦時を捕えて殺している（『太平記』）。一方、足利千寿王は二階堂の別当坊を陣所として、京都から急ぎ派遣された細川和氏・頼春・師氏三兄弟の軍事力を背景に新田氏と勢力を競い合った。このようななかで、足利氏への支持が拡大されていったと思われる。幕府滅亡後に義貞は、鶴岡若宮の神殿の重宝をみたときに、奥州後三年《ごさんねん》の役《えき》に出陣の際、源義家が祈願をこめて奉納した二つ引両《ひきりよう》の旗を発見したが、新田氏の家紋大中黒《おおなかぐろ》でないので詮無《せんな》しと言ったのを足利方が聞いて引渡しを求めたのを拒絶し、両氏の確執の基となったと伝えている（『太平記』）。義貞は、足利氏との合戦に発展するのを恐れて鎌倉から引き上げて急ぎ上京した。鎌倉での勢力争いに打ち勝った足利氏は東国での地歩を固めたことになる。

元弘《げんこう》三年十月、建武政府の地方支配の方針に基づいて、義良《のりよし》親王・北畠顕家《きたばたけあきいえ》による奥州将軍府が形成されることになる。さらに十二月に関東の押さえとして、鎌倉幕府の小型版のように、相模守《さがみのかみ》に任命された足利直義《ただよし》が後醍醐天皇の皇子成良《なりよし》親王を擁して鎌倉に下り、鎌倉将軍府を組織した。佐藤進一氏はこれを尊氏の「逆手取《さかてど》り」とし、前者の例にならって尊氏が後醍醐天皇に迫って実現したこととしている（『南北朝の動乱』）。前述のように鎌倉には、幕府滅亡後に尊氏の嫡子千寿王が家臣に擁されて支配の基盤がすでに築かれており、その延長上に建武政権によって承認された政治組織が構築されたのである。これが建武政権のなかに生まれた足利政権（後の室町幕府）の原型である。

北条時行の反乱

元弘四年（一三三四）正月二十九日、改元されて建武元年となるが、翌建武二年（一三三五）七月十四日、信濃に蜂起した北条高時の遺児時行《ときゆき》が諏訪氏らの軍勢を動員して鎌倉に向けて進撃したとき、直義らはこれを武蔵府中に迎撃して敗れ、鎌倉を退去して三河国《みかわのくに》矢作宿に留まり援軍を待ち、成良親王は帰京した。その際に直義は、鎌倉に幽閉されていた後醍醐天皇の皇子護良《もりよし》親王を殺害する。護良親王は過激な性格で、元弘の乱において活発に反幕府勢力を結集して果敢に戦い、幕府討滅の功労者として建武政府成立後は征夷大将軍に任ぜられた。しかし、足利尊氏と激しく対立してその暗殺を遂行しようとして捕らえられ、流罪として鎌倉に護送されていた。直義は、北条時行の侵攻に際し護良親王が時行の手に落ち、反足利氏の頭目に担がれる危険性を察知した上での処置と思われる。

時行軍は足利方を撃破して七月二十五日に鎌倉に入った。八月二日、尊氏は朝廷に征夷大将軍・総追捕使《そうついぶし》となって関東に下ることを奏請したが、すでに成良親王が征夷大将軍になっているので許されず、そのまま勅命を待たずに出陣したので、朝廷は後追いで征東将軍に任命した。時行軍は尊氏・直義兄弟を迎え撃つため、鎌倉の民家に結集した矢先、八月三日（グレゴリオ暦八月二十九日）に関東地方を襲った台風の難を避けて鎌倉大仏殿に避難したところ、大仏殿が倒壊して死者五〇〇人を出す大惨事に見舞われ気勢をそがれてしまった。

なお、この台風は翌四日には武蔵国得恒郷《とくつね》（東京都日野市）の十院不動堂（現在の高幡不動の前身、隣接する船木田荘木伐沢村の山中にあった）を襲い、不動堂を倒壊させ本尊不動如来像を破壊しており（「高幡不動尊火焔光背銘文」）、関東一帯に猛威を振るったことが知られる。

時行軍は体制を建て直し、九日から十九日にかけて遠江《とおとうみ》・駿河《するが》・相模《さがみ》の各地で迎撃したが次々に撃破されて鎌倉を放棄した（「足利将軍関東下向合戦・宿次注文」）。尊氏・直義は、寺社に所領寄進を行い、味方になった武士へ恩賞を与えるなどの戦後処理を行い、朝廷の帰京命令を無視して「鎌倉殿」として鎌倉に居すわり続けた。足利氏傘下の武士の認識は、尊氏は鎌倉の将軍であった。この尊氏・直義の鎌倉在留は関東の緊張、とりわけ足利・新田両勢力間の緊張を生じさせた。尊氏は新田氏関係者が拝領した所領を召し上げて味方の武士に給付し、これに対抗して新田義貞は、分国（越後《えちご》・上野《こうずけ》・駿河・播磨《はりま》など）の足利系所領を家人の与えたという。

そして、両者の非難の応酬が開始された。足利・新田の対立はこのときに始まったわけでなく、義貞と足利千寿王が協力して鎌倉を制圧した後、参陣した武士の恩賞推挙をめぐって鎌倉で主導権争いが生じ、多くの武士が尊氏につき、義貞はその全面的対決を避けて上洛した経緯がある。また、鶴岡八幡宮《つるがおかはちまんぐう》の神殿から二つ引両の旗が発見されたとき、足利氏が所望したことに対して義貞が拒絶したこともあり、両家の「好み《よしみ》」が「怨讐《おんしゅう》」に転化していったという。

尊氏・直義の反旗

京都では、義貞在京の有利さもあって尊氏の陰謀説もささやかれ、後醍醐天皇は激怒したが、諸卿は詮議して法勝寺の慧鎮《えちん》を鎌倉に下して問いただそうとした矢先に、尊氏からの奏上が届いた。その内容は、義貞一類を誅《ちゅう》罰《ばつ》して世の太平を実現しようというもので、義貞は尊氏の六波羅《ろくはら》攻略を知って蜂起し、しかも千寿王の威勢のおかげで鎌倉制圧ができたことを忘れて、恩賞を貪《むさぼ》り大官を望んでいる、足利氏が東国で苦労している間に讒言《ざんげん》をなしている、というものである。これに対して、義貞は即座に反論を書き、八点の足利氏の罪業を挙げ逆賊として足利尊氏・直義の誅罰を奏上している。

すなわち、尊氏は向背《こうはい》が決まらなかったときに名越高家《なごえたかいえ》の討死を知って蜂起したもので、これがなかったらどうなったか分からないというものである。また義貞の蜂起は尊氏の蜂起を知って行ったものではない。六波羅攻めは五月七日で、義貞蜂起は五月八日で遠く離れた地域で知る由もない。護良親王の流刑は尊氏の謀略でありまた親王を殺害した罪は重いと足利兄弟の誅罰を主張している。なお、足利方の蜂起認識は、五月十二日の足利千寿王の第二次蜂起を前提にしていると思われ、ここに両者の食い違いの原因がある。

朝廷での足利氏誅罰の議論は、建武政権の存立にも関わる重大さのゆえに、なかなか発言がないなかで、坊門清忠《ぼうもんきよただ》が発言し義貞奏上の通りならば尊氏・直義の罪科は重いが、護良親王殺害などの実否を確かめてから決定すべきだと主張し、そのまとめで会議は終了した。ところが、護良親王の死の現場から付人の女房が上洛して事の次第を報告し、また足利氏が発給した新田義貞誅罰の軍勢催促状が数十通披露され、一挙に足利氏討伐の軍勢派遣が決定された（以上、『太平記』巻十四）。

この足利氏の軍勢催促状は、すべて「新田右衛門佐義貞を誅罰すべきなり。一族を相催し不日馳参すべきの状、件《くだん》の如し」という内容で、十一月二日の日付で「左馬頭《さまのかみ》」（直義）の発給となっている（「結城氏古文書写」など）。これは尊氏の心身不良ということもあるが、尊氏発給の軍勢催促状では建武政府への反逆を決定づけるのを避けるため、むしろ新田義貞との私闘を印象づけようとしたものであろう。

十一月二十一日、後醍醐天皇は尊氏・直義追討の綸旨《りんじ》を下し（「肥前松浦文書」ほか）、新田義貞を節度使《せつどし》（軍団統率者）として新田一族や千葉・宇都宮・武田・小笠原氏や西国の将士を編成した大軍を関東に派遣した。

尊氏・直義の性格

このとき、尊氏は事態の対応に困難な精神的・肉体的状況にあった。佐藤進一氏は、尊氏の行動と、祖父家時の自殺、父貞氏の発狂の病歴、子孫の将軍義教《よしのり》の狂気などから判断して異常性格の血筋の人物で、躁鬱症《そううつしょう》であるとしている。この時点では極端な鬱状態で、鎌倉の浄光明寺に引き籠り、出陣を要請する家臣に対して後醍醐天皇の恩義を強調し、護良親王の殺害を悔いたり、みずからの引退をほのめかしたりしていると記している（『南北朝の動乱』）。

足利方は、尊氏抜きで直義を総大将に立て、十一月二十日に鎌倉を出陣せざるを得なかった。ところが、三河国の矢作川《やはぎがわ》や駿河の手越河原《てごしがわら》の戦いで足利方は大敗してしまい、義貞らは伊豆国府に進陣した。直義は鎌倉に帰り、尊氏館を訪ねたとき、尊氏は敗戦を知り建長寺に入って出家しようとして元結《もとゆい》を切ったばかりだということである。直義と高師《こうのもろ》直《なお》・上杉重能《しげよし》らは一計を案じ、たとい引退しても刑罰を免れることはない、という綸旨を偽作して建長寺に赴き、尊氏にみせて翻意させ、「一束切《いっそくぎり》」（総髪、ざんばら髪）という髻《もとどり》のまま出陣させることになった。鎌倉の軍勢も同様な髪にして尊氏と見分けがつかないようにして出陣したという。尊氏参戦の報に接し勢いを得た足利軍は、十二月十一日に箱根・竹下《たけのした》の合戦で新田義貞軍を撃破して敗走させることができた（『太平記』巻十四）。

佐藤進一氏は、守屋家旧蔵「伝足利尊氏画像」の騎馬武者像は、『太平記』の箱根・竹下合戦の尊氏の出陣姿ではないかとしている。しかし、その後の藤本正行氏の研究では、刀の鍔《つば》や馬具の留金《とめがね》に輪違《わちがい》の家紋が描かれており、背にした矢は数が少なく内一本は折れているなどのことから、輪違家紋を有する高《こう》一族の奮戦後の姿を表すものとしている。尊氏を真似した家臣の一束切の姿ということで、箱根・竹下合戦の高師直の姿に、頭上に足利義詮《よしあきら》が花押《かおう》を据えたものと考えられる。図像が描かれたのは、観応《かんのう》二年（一三五一）二月二十六日の師直殺害以後に、その鎮魂・慰霊のために作成されたものとしている（「守屋家所蔵武装騎馬画像の一考察」）。

同母の兄弟でありながら、尊氏・直義の性格はかなり異なっていた。前述のように尊氏は躁鬱症でときによって性格ががらりと変わる。躁状態のときは明るく豪放磊落《ごうほうらいらく》で頑張りが利き、大きな仕事を成し遂げてしまう。合戦などでも大活躍して敵を撃破する。しかし、鬱状態になったときには引き込んでしまい何事もする意欲を失い、他人に対して好悪の感情が激しく攻撃的になり、ついには自虐的になり自分を追い詰め、引退ないし自殺をほのめかしたりする。これに対して弟の直義は、つねに冷静沈着、思慮深く着実に仕事をこなしていく性格であった。それゆえ、協力し合って互いに欠点を補っていくと、大きな効果を生み出す。箱根・竹下合戦前後の状況は、まさに兄弟の連携がよく機能したことになる。

南北朝内乱の開幕

尊氏・直義兄弟は、後醍醐天皇の建武政権に公然と反旗を翻《ひるがえ》し、ここに南北朝内乱の幕開けとなる。

内乱の第一期は次のような経過をたどる。

建武二年十一月十九日　尊氏・直義の追罰の綸旨が下り、新田義貞等追討軍出陣。

同十二月十一日　箱根・竹下合戦で足利軍勝利。

建武三年正月一日―十日　京都での攻防戦。後醍醐天皇・義貞、京都を撤退し近江に赴く。

同正月十四日　北畠顕家、奥州より近江に到着。近江・京都周辺の戦闘激化。

同二月十一日　豊嶋河原の合戦で足利軍敗れ兵庫に敗走し、後醍醐天皇京都を回復する。翌日尊氏は九州に下る。

同五月十日　尊氏は水路、直義は陸路をとって上洛。

同五月二十五日　湊川合戦で足利軍勝利、楠木正成討死。

同五月二十七日　天皇・義貞は比叡山に退去。この後、近江・京都近郊での合戦が続く。

同六月十四日　尊氏、光厳上皇を奉じて入京。

同十月十日　尊氏の和平工作によって、後醍醐天皇、尊氏と和睦して京都に帰る。義貞は比叡山から恒良《つねよし》親王を奉じて越前に下る。

同十一月二日　光明天皇即位、神器の授受行われる。

同十一月七日　建武《けんむ》式目《しきもく》の成立。

同十二月二十一日　後醍醐天皇、京都を脱出して吉野へ赴く。和平は破綻し建武政権は崩壊して、本格的な南北朝の内乱となる。

この間、尊氏と直義は一貫して一体化して行動し、後醍醐天皇政権の軍事力の中核に座る新田義貞との抗争に勝利し、足利氏の覇権確立に向けて奮闘したことになる。

室町幕府と観応の擾乱

室町幕府の成立

建武式目と追加法

建武三年（一三三六）十月、足利尊氏《あしかがたかうじ》の和平工作は成功して、後醍《ごだい》醐《ご》天皇の帰京が実現した。天皇は、新田義貞《にったよしさだ》を見捨てて北陸に転進させ、京都に帰って皇位継承の印である三種《さんしゅ》の神器《じんき》を光明《こうみょう》天皇に譲渡し、また足利氏の政権を認知した。尊氏・直義《ただよし》は政権の基本方針として建武式目《けんむしきもく》を制定した。その後、延元《えんげん》三年（一三三八）八月十一日に尊氏は征夷大将軍（正二位《しょうにい》）に任じられ、直義は左兵衛督《さひょうえのかみ》（従四位上《じゅうしい》）に任じられ室町幕府の成立の形式が整った。

なお、この征夷大将軍補任《ぶにん》以前、この年の正月〜三月にかけて、尊氏側が「将軍家」を称して軍勢催促を行ったりする例が、家永遵嗣「室町幕府の成立」に述べられており、内部的には将軍の呼称が広く普及していたことが知られる。

十二月二十一日には、後醍醐天皇が京都を脱出して吉野に赴き、この足利氏との束の間の平和が破れるが、この間に発布された建武式目は足利政権の方針を示すものであった。

建武式目の冒頭（前文）に、「柳営《りゅうえい》」（幕府）をどこに設置したらよいかという議論が載せられている。すなわち、「鎌倉元のごとく柳営たるべきか、他所《よそ》たるべきや否やの事」という選択肢を掲げ、中国においても日本においても移転することは多かったけれども、移転は容易ではない。とりわけ鎌倉は、源頼朝が「武館」を構えて以後、承久《じょうきゅう》の乱で北条義時が天下を併呑《へいどん》し、武家にとっての「吉土」（縁起のよい）の土地である。しかし、北条氏が奢《おご》りを極め、悪を積み重ねて滅亡したといっても、他所であっても同様なことが起こったであろうし、「居処之興廃」によるのではなく、「政道之善悪」によるとし、鎌倉は縁起が悪いという論を退けている。しかし、諸人が「遷移」（京都移転）を欲するならば、多数の意見に従うとも記している。次いで、政道については、宿老《しゅくろう》・評定衆《ひょうじょうしゅう》・公人《くにん》など、善政によって民心の安定を図れとしている。

各条文は次の内容である。

①「婆佐羅《ばさら》」（派手な服装）の禁止。②酒・女色狂い、博奕《ばくち》、茶・連歌の賭事などの禁止。

③昼打入・夜強盗、殺害・剝取りなど狼藉の禁止。④私宅の点定《てんじょう》（差し押さえ）禁止。⑤京中の空き地を本主に返す。⑥無尽銭《むじんせん》・土倉《どそう》などの金融業を再興し、諸人の生活を支える。⑦諸国の守護人は政務の「器用」（能力）のあるものを任命し、恩賞には荘園を与え、守護職は恩賞の対象にしない。⑧権門や女性、禅律僧《ぜんりつそう》の「口入《くにゅう》」（介入）の排除。⑨公人は政務に専念。⑩賄賂《わいろ》の禁止。⑪進物《しんもつ》は返却。⑫近習《きんじゅう》には人物を選ぶ。⑬礼節を尊ぶ。⑭廉直・名誉を重んずる。⑮貧者の訴えに耳を傾ける。⑯寺社の訴訟は、事によって受け入れない。⑰御沙汰の日時を定めて行え。

戦争で混乱した社会や政治を正道に戻すための道徳的項目も多いが、単に理念だけの問題ではなく、発足する足利政権が直面した解決すべき課題が指し示されていると思うし、今日の日本の政治・社会にも通用する項目も多い。

この式目は、鎌倉幕府の評定衆であった二階堂是円《ぜえん》・真恵《しんえ》兄弟ほか六人が尊氏・直義らの諮問に応じて作成したものである。しかし、この政道論は、儒教などに通じた直義の意向を踏まえたものであろうと思われる。この方針を内外に示すことによって、政権としての方向性を明示し、人心の掌握を図ろうとしたのである。その際、ひとまず鎌倉か京都かの政権所在地の根本的決定を見ぬまま、京都においてスタートすることになったのである。

室町幕府の法制度は、鎌倉幕府が発給した御成敗式目《ごせいばいしきもく》およびその追加法を基本的に踏襲し、その追加として建武式目を発布して基本方針を示し、さらに追加法を発布していくという方法を採用した。

もっとも早い追加法は、建武四年（一三三七）十月七日付、寺社の国衙領《こくがりょう》や領家職《りょうけしき》に関する次の法令である。

　動乱の間、諸国大将・守護人便宜について軍勢に預け置くと云々。今においては雑《ざっ》掌《しょう》に沙汰し居《す》えべきの旨、定め下さるの処、遵行《じゅんぎょう》せざるの由、その訴えあり。甚だ罪科を招くか。所詮御教書《みぎょうしょ》・奉書《ほうしょ》ならびに引付施行《ひきつけせぎょう》の旨に任せて、不日《ふじつ》悉《ことごと》く下地《したじ》を引き渡し、預かり人交名《きょうみょう》といい、所領の在所といい、これを注進すべし。もしなお遅引せしめば守護人においては所職を改易し、大将ならびに軍兵に至りては、或いはその咎めに処せられ、或いは勲功ありといえども恩賞を宛行《あておこな》うべからず。

　次いで、武家領の事子細同前。

動乱のなかで、諸国の侍大将や守護人が、寺社や公家の国衙領（公領）や荘園を便宜上占拠して、従属している武士たちに預けて年貢・公事《くじ》を取らせるようにしてしまう。これについて今の時点では元の雑掌（管理者）に戻すべきの旨、命令が下された処、所領の引渡しが実現していないことの訴えがあり、そのことははなはだ罪科に処せられる問題である。結局、御教書・奉書ならびに引付施行などの文書の旨に任せて、速やかに下地（所領）を引き渡し、預かった人物の名やその場所を報告すべし。もしなお引渡しが遅れるならば、守護人はその職を没収し、大将や軍兵は処罰し、あるいは勲功があっても恩賞を与えない。次いで、武家領の場合でも同じ扱いである、と記している。

軍事と内政

戦乱のなかで、戦闘行為を行う軍団を統率するのは守護や侍大将《さむらいだいしょう》である。将軍の命を受けて守護は管国内の武士を統率し、侍大将は特定の作戦遂行のために派遣される武将で、両者が兼帯される場合も多い。彼らに従う武士は、戦闘で功績を上げ恩賞として所領を与えられることを目指して、文字通り「一所懸命」に戦う。その場合、主として戦闘地域において所領を占領して、正式な手続きを経ないで暫定的に部下にその働きに応じて分け与えてしまう場合が多い。その所領は、暫定的に預かっているにすぎないのであるが、本来の所領の主から訴えが出され、幕府の返却命令が出てもその返却が実現しない場合が多い。その場合、将軍より命令（御教書・奉書）が出され、それを請けての引渡しの手続き（引付施行）の文書に基づいて所領の処置を行い、預かり人と所領の場所を報告することが規定されている。違反の処罰規定として、上記のような重い処置が規定されている。

幕府が建武政府の後を受けて政権の座に着いたとき、公家・武家・寺社の支配階級はもとより、その支配する荘園・公領のもとで農業を行い年貢公事を負担する百姓、都市を中心に商業や流通に携わり、また手工業製品を生産するなどの商工業者に対しても、「公《おおやけ》」として社会的職務執行をしなければならない。それと同時に軍事政権としての幕府は、後醍醐天皇に味方する南朝方などとの戦争を継続していかなければならない。ここに内政と軍事という足利政権（幕府）が抱えた、最大の矛盾が生ずることになった。尊氏は将軍としてこの軍事と内政のバランスを維持して政権と国内の安定を図る責務を負わされていた。

佐藤進一『南北朝の動乱』によれば、幕府の政治機構は図13のようになっているという。侍所《さむらいどころ》は武士の統率機関、恩賞方は戦陣の際の武士への恩賞を扱い、政所《まんどころ》は足利氏の

図13　室町幕府初期の政治機構図

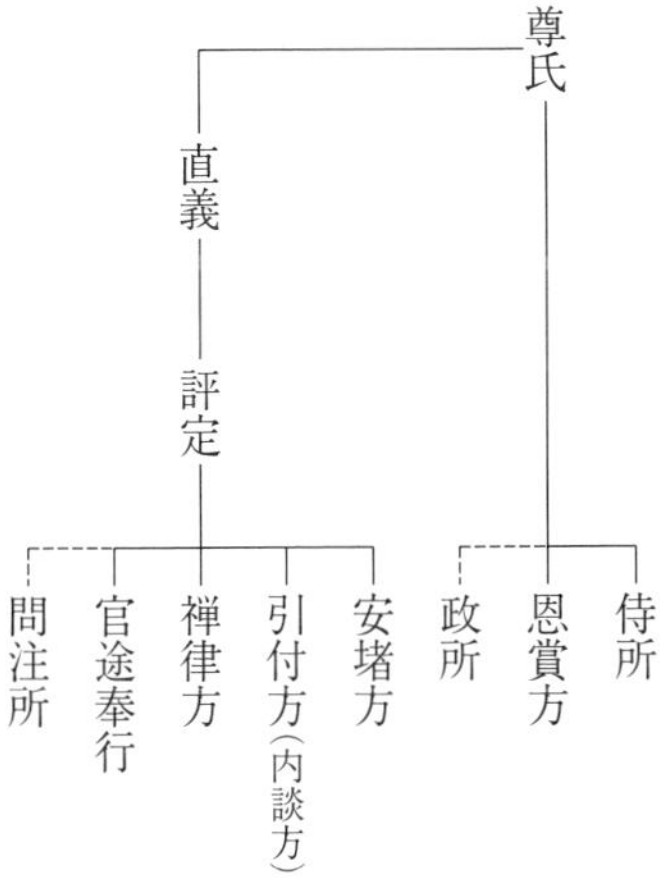

注1　佐藤進一『南北朝の動乱』（一九六五年）による。
2　破線は推測。

家政機関である。この三者を尊氏が分掌する。それに対して、所領などの安堵《あんど》（給付）を行う安堵方、御家人の訴訟を扱う引付方と一般訴訟を扱う問注所《もんちゅうじょ》、寺社関係の問題を扱う禅律方《ぜんりつかた》、官職の推挙を朝廷に行う官途奉行《かんとぶぎょう》などを尊氏の委嘱によって直義が分掌する。それらを統括する評定（衆）が構成された。佐藤氏は、前者を主従制的支配権、後者を統治権的支配権にわけ、このような将軍権力の二元性を二人の得意技で分掌したと述べている。非常に的確な評価と考える。平たく言えば、家政・軍事面を尊氏、内政面を直義が分掌し、それぞれの機関に人員の配置がなされた。尊氏の下には足利家の執事を担当してきた高《こう》一族（代表として高師直《こうのもろなお》）などの武断派が侍所、直義の下には上杉氏など文治派が配置された。

戦乱のなかで、軍事的に占領した所領を暫定的に部下に預け置く守護や侍大将、それを統括する高師直がおり、それを返却しないで永続的に支配し続けようとする配下か武士たちがおり、その所領が彼らの合戦参加や勇敢な戦闘の誘い水になっている。その一方で、幕府という国家権力を行使するに当たっては、法（ルール）や道理に任せて公平に政務を執行し、公家・寺社・武家のバランスを取った政治を施行していかなければならない。この二つの命題は矛盾してくる。アメリカの侵攻によって混乱を極めているアフガニスタンやイラクの現状を見ても、時と処が違って似たような現象があると思う。

この矛盾が、尊氏を支える直義と高師直の間に亀裂を生ずること、それぞれの派閥形成が急速に進み、それが地域間の対立に絡んで進行していった。ごく大雑把に言って、高師直派は畿内・近国、直義派は中間・辺境地域に支持を広げていた。

この対立は、直義—師直の対立から、尊氏・師直—直義・上杉氏の対立に発展し、やがて尊氏子息の義詮《よしあきら》—直冬《ただふゆ》（直義養子）の対立となっていった。

幕府における尊氏・直義の位置

佐藤進一氏は、建武三年（一三三六）十一月から観応二年（一三五一）六月までの直義発給の下文《くだしぶみ》・下知状《げちじょう》など九二通の文書を徹底的に考察し、その内容が一般安堵・譲渡安堵・紛失安堵・買得安堵などの安堵関係と、裁許・禁制《きんぜい》・過所《かしょ》（通行手形）であることを確認し、直義は、所領の安堵権（法的確認）と裁判権などを行使する権限を有していたとした。これに対して尊氏の下文は、各国守護の補任状《ぶにんじょう》、所領の新恩充行状《あておこないじょう》（恩賞給付）などであるとした。すなわち、直義が統治権的支配権、尊氏が主従制的支配権を行使し、これは将軍権力の二元性を分掌するものとして結論づけ、その他の権限も考察の上、それらを図13に示した（「室町幕府開創期の官制体制」）。この見解は、多くの研究者の支持を得た。

図14　室町幕府初期の政治組織図（峰岸案）

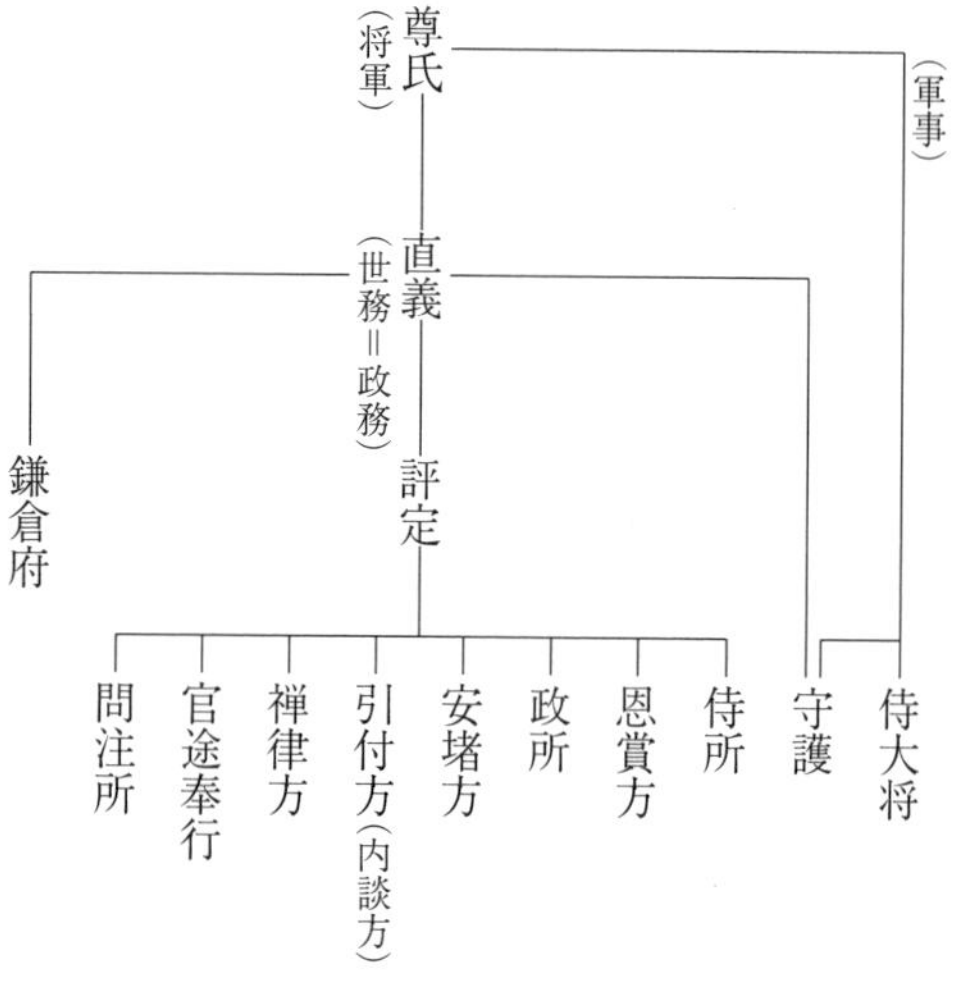

主従性的支配権とは、武門の棟梁《とうりょう》として傘下の武士たちと主従関係を結び、軍役《ぐんやく》などの役務を課して軍事動員をして、その功績に対して新恩所領を給付し、すなわち御恩と奉公の封建的関係を形成する権能であった。それに、膨大な所領を有する足利氏の家支配、家督としての権限として政所も掌握していた。一方、統治権的支配とは、足利氏が国家権力を掌握することによって果たさなければならない公家・武家・寺社、そしてその支配下に置かれた一般民衆（百性）に対する政治支配のことである。

この考え方は、初期室町幕府における兄弟の権限の分掌を考える上ですこぶる有効な方法と思う。ここでは兄弟対等観が全面に打ち出されていること、また直義の権限を発給文書によって確定し、武家評定を媒介にして安堵方・引付方（内談方）・禅律方・官途奉行・問注所を直義の所管とし、侍所・恩賞方・政所を尊氏の所管とした。たしかに、軍忠に基づく恩賞給付は尊氏の下知状でなされているが、だからといってこれらの役所に対して直義がまったく無関係であったと言えるのであろうか。評定衆のメンバーには、侍所・政所の執事や頭人《とうにん》が参加していること、侍所・政所のポストは二階堂行直《ゆきなお》（行珍）や細川顕氏《あきうじ》などの直義派の重要メンバーが名を連ねている点が注目される。また、守護は、建武政権の国司・守護併置を前提にし、管国の軍勢催促や犯人追捕の他に、さまざまな政治支配の任務を負うゆえに、守護に対する直義の権限は及んでいたと考えられる。政所については、佐藤氏は留保しつつもこれを尊氏の権限下においているが、私は基本的には直義の権限下と考えられるのではないかと思う。その観点で、佐藤説の組織図を補正した政治組織図を図14として別に作成してみた。

このような観点から、これを尊氏・直義の上下関係の視角から若干考察してみようと思う。

まず、直義がどのような自己認識に立っているか、また周囲がどう見ているか検討してみたい。貞和五年（一三四九）八月、直義と高師直との対立が激化して、師直が直義派の策謀を察知して決起し、直義は尊氏邸に遁《のが》れ、ここを師直軍は包囲するという事態に発展した。このことについて、当時朝廷の中枢にあった洞院公賢《とういんきんかた》は次のように記している。

Ａ　世上の事等粗《ほぼ》勅語あり、一昨日か夢窓国師参上す。武士上下不快事、かれこれ命ぜられる事あるの間、方々問答悉く落居、西郊に罷《まか》り帰る旨これを申す。武家沙汰成敗、元のごとく直義卿その沙汰を致すべし、執事、元の如く師直沙汰申すべき旨、と云々。静謐《せいひつ》誠に神妙の事か。（『園太暦《えんたいりゃく》』貞和五年八月二十一日条）

Ｂ　武家評定事

伝え聞く、武家物忩已後《ぶっそういご》、今日評定を三条坊門において行う。左兵衛督（直義）これを行う。師直以下人数例の如し。（同二十五日条）

その間、事態の解決のため勅定によって参上した夢窓疎石《むそうそせき》が、関係者の間を奔走して事態を元に戻した経過を公賢に伝えて帰った。その和解案は、「武家沙汰成敗」を直義に、足利家執事を師直に、元に復するということであった（Ａ）。

その後、三条坊門邸で「武家評定」が直義の主催の元に行われ、ここには師直以下が参加したという（Ｂ）。

この「武家沙汰成敗」すなわち武家による政務の取り仕切りというのが直義の権限で、それには「武家評定」を主催して政策課題を執行する権限が含まれていた。この権限は、

「観応二年日次記《ひなみき》」には「政道」、『園太暦』の別の記事には「世務《せいむ》」と記されている。「世務」とは、当世の国家・社会のためになすべき仕事で、『史記』に「世務・刑名を明らかにする」とある（諸橋轍次『大漢和辞典』）。「世務」は「政務」にも通じ、直義およびその周辺は、直義の職務をこのように称していた。足利幕府が依拠すべき政治形態は鎌倉幕府の執権政治で、直義の権限は将軍尊氏の下で、またその委任を受けて「世務」を行使することで、これは鎌倉幕府の「執権」に相当するが（新田一郎『太平記の時代』）、あえてこの「執権」を用いずに「世務」を称していたと思われる。この「世務」は、前代鎌倉幕府の執権、後の室町幕府の管領《かんれい》に当たるものと考える。この権限はあくまでも尊氏の下で彼によって委嘱されたものである。執権から管領への中間にこの直義の「世務」を位置づけてみたいと思う。

内乱を勝利するために、尊氏の主たる権限は、軍勢催促状を発して軍勢を集め侍大将や守護の統率の元に軍事編成して合戦に勝利することで、その結果は、侍大将や守護の推挙で恩賞（所領）を与える。足利一門の守護・侍大将は、配下の武将に占領地などの所領を預け置く権限を付与されていた（花田卓司「南北朝期室町幕府における守護・大将の所領給付権限」）。しかし、この一時的な預け置きが恒久的な所領安堵になる時点では、この恩賞給付の役所（侍所）や足利氏の家政を預かる政所などの官僚機構にも直義の権限が及んでいたとみたい。二人の分担は、『難太平記《なんたいへいき》』が記すように、「大御所（尊氏）は弓矢の将軍、大休寺殿（直義）は政道」、すなわち軍事と内政の分担関係であり、また将軍と「政務」は上下関係で連結していたと考える。当然の事ながら侍大将や守護（軍事に関する限り）は尊氏の管理下にあり、執事の高師直の管轄下にもあったのである。

なお、将軍として朝廷や寺社の儀式に参加する儀礼的行為は、当然のことながら尊氏の役割であった。

尊氏・直義の対立——観応の擾乱

『太平記』の予告

南北朝の内乱を物語として叙述した『太平記』について、松尾剛次『太平記』（中公新書）は、これが鎮魂と救済の史書であると述べた。そのなかで、『太平記』巻二十五「宮方の怨霊六本杉に会する事、付けたり、医師評定の事」を引用して、大塔宮護良親王《おおとうのみやもりよし》らの怨霊が画策して足利氏方の内紛を惹起せしめようとするくだりについて記している。

ある禅僧が仁和寺《にんなじ》の六本杉で雨宿りをして本堂の縁に身を寄せていたときに、六本杉の梢に集う人びとの会話を見聞きしたという設定である。護良親王を中心に、後醍醐《ごだいご》天皇の外戚の峰僧正春雅《しゅんが》、南都の知教《ちきょう》上人、浄土寺の忠円《ちゅうえん》僧正らの亡者が苦悶の表情にて集合して謀議を凝らし、護良は足利直義《あしかがただよし》の子となって生まれ出で、峰僧正は夢窓疎石《むそうそせき》の同門の妙吉《みょうきつ》となって直義の政道を補佐し、知教は上杉重能《しげよし》・畠山直宗に乗り移り高師直《こうのもろなお》・師泰《もろやす》兄弟を亡き者にし、忠円は高師直・師泰の心に入れ替わって上杉・畠山を滅ぼす。これによって尊氏《たかうじ》・直義兄弟の仲が悪くなって天下大乱となりその結果として怨念を晴らすことができると。

ちょうどそのころは、暦応《りゃくおう》元年（一三三八）五月に南朝方の軍事部門の北畠顕家《きたばたけあきいえ》、閏七月に新田義貞《にったよしさだ》が相次いで戦死し、翌年八月に後醍醐天皇が吉野で没し、また、常陸《ひたち》で奮闘していた北畠親房《ちかふさ》も、康永《こうえい》二年（一三四三）に最後の拠点の関城を落とされ吉野に逃げ帰っている。南朝方が一挙に衰勢となったころである。この間、北朝の光明《こうみょう》天皇擁立の下で尊氏・直義は天龍寺を創建して後醍醐天皇の鎮魂・慰霊を行い、「暦応雑訴法」を施行し、五山十刹《ござんじっさつ》の制を定めて禅宗寺院の格付けを行い、安国寺《あんこくじ》利生塔《りしょうとう》を国ごとに創建するなどして、着々幕府の体制を整えつつあった。まさに南北朝内乱を終息させて、諸国の平和をもたらすかにみえた。

このとき、後醍醐天皇方に同情する夢想として前述のことが語られたのである。長谷川端『太平記の研究』も、この叙述について『太平記』叙述の構想に関する研究者の議論にふれて、巻二十三「大森彦七が事」に出てくる楠正成の怨霊の問題と合わせて、次に展開する『太平記』第三部に当たる観応《かんのう》の擾乱《じょうらん》（足利氏の分裂・抗争）の予兆として、政道批判の構想のなかに位置づくものとしている。『太平記』の作者は、その物語性を盛り上げるために、非業な最期をとげた南朝方の怨霊が足利方の面々に乗り移って、内部対立・抗争を引き起こしたと説明しているのである。

足利直冬問題

内乱の前提となる事態は貞和《じょうわ》四年（一三四八）に起こった。尊氏には嘉《か》暦《りゃく》二年（一三二七）に越前の局という女性に忍び通って産ませた、今熊野という隠し子がいた。今熊野は北条高時が最後に滅んだ鎌倉東勝寺の喝食《かつじき》（小僧）となり、貞和元年（一三四五）還俗《げんぞく》して東勝寺の僧円林に伴われて上洛し、父子対面を果たそうとした。ところが尊氏と嫡妻登子《とうこ》は嫡子と定めている義詮《よしあきら》の兄に当たる子息の突然の出現に困惑し、とりわけ登子の強い拒否反応に直面して、その対面を拒絶してしまった。そこで円林は、学僧元慧《げんえ》法印の元に今熊野を預け、元慧の斡旋《あっせん》で子息のない直義の養子に引き取られることになった。尊氏の暗黙の了解があったか否か不明だが、了解がなかったとしたら拒絶した子を養子に引き取ったことで、尊氏・直義間に何らかのわだかまりが生じたことは想像に難くない。

今熊野は直義の許で元服して直冬《ただふゆ》を名乗るが、気性とその振幅の激しさは父親譲りで、実父の将軍尊氏に対して計り知れない不信感を抱く一方、自分を救済してくれた養父直義に対して全幅の信頼感を寄せたことと思う。この直冬は、尊氏・義詮と直義の間の対立の大きな火種となっていった。

貞和四年（一三四八）四月十六日、紀伊国《きいのくに》の南朝方の蜂起に対して、直義は光厳《こうごん》上皇の院宣《いんぜん》を奉じて直冬が発向することを西国の武将に伝達し軍勢催促を行っている（「宇野文書」など）。直冬は、二十二日に京都祇園社《ぎおんしゃ》や出雲杵築大社《きづきたいしゃ》などに戦勝祈願を行い紀伊に出陣し、八月に大勝利を博して帰還することになる。この直冬の初陣勝利は、直冬に対する世間の評価を高めることになると直義も喜んだが、尊氏・登子夫妻や弟義詮、高師直・仁木義長・細川顕氏などからは冷ややかに扱われ、直冬は計り知れない大きな挫折感・屈辱感を味わった。直義はその周囲の状況と直冬の心情を察して、京都を離れさせる計画を立て長門探題《ながとたんだい》として西国に下向させることにした（以上、瀬野精一郎『足利直冬』）。その後直冬は、西の中国・九州地域から尊氏・義詮を脅かすことになる。

直義と高師直の抗争はこの年の閏六月に発生した。この経過は佐藤進一『南北朝の動乱』に詳しい。幕府成立の好調なスタートはその政治力によって直義の評価を高めた。しかし、その背後に高師直・師冬《もろふゆ》ら高《こう》一族の南朝勢力軍事的打倒による政治的安定があってのことだが、師直らの不評に反比例して直義の政務の遂行の評価が前面に出てしまった。師直派の武士の横暴を抑止し、公家・寺社などの所領支配を正常に回復させ、院を犬と罵倒して光厳《こうごん》上皇の車に無礼を働いた土岐頼遠《ときよりとお》を断固斬罪に処した。後醍醐天皇冥福のために建立した天龍寺の落慶供養《らっけいくよう》の盛儀は、尊氏・直義がともに晴れの舞台に立った。光厳上皇の臨席に延暦寺大衆が強訴《ごうそ》する一幕があり、この臨席は実現しなかったが、天龍寺建立に直義が果たした役割は大きい。

直義と高師直の対立

貞和五年（一三四九）閏六月三日に、直義は上杉重能・畠山直宗や妙吉（夢窓国師の兄弟弟子の政僧）らと、高師直の執事解任を謀議した。このことが露見して妙吉は逃亡したが、直義は尊氏に迫って師直解任を実現し、執事には甥の高師世が就任した。この直後に、禅林寺新熊野社領淡路国《あわじのくに》由良荘の雑掌《ざつしょう》の訴えにより、地頭船越秀定を解任し（「若王子神社文書」）、東寺の訴えにより播磨国《はりまのくに》矢野荘例名《れいみょう》内那波浦《なわのうら》地頭海老名源三郎、同佐方浦地頭七沢左衛門太郎の領家職《りょうけしき》横領を停止し処罰している（「東寺百合文書」）。直義の施政が着々と進行していくかにみえたが、思わぬ落とし穴があった。

高師直のクーデター

八月十三日にも師直は一族・郎党を集めてクーデターを起こし、直義襲撃の行動に出た。その襲撃にあって直義は、急ぎ尊氏邸に遁れ拘束を免れた。このとき直義は女装して尊氏邸に駆け込み、島津時久・和泉忠頼が垣根を乗り越えて飲食を屋敷内に届けたという（「山田聖栄自記」）。包囲した師直軍には、直属の武士以外に千葉氏・宇都宮氏の軍が加わり、守る尊氏・直義側の軍勢は、その半分にも満たなかったという。師直は法成寺角の辺に陣取り、尊氏は須賀清秀を使者として師直陣に送り、師直からも尊氏邸に使者を遣わして折衝が十余度に及んだ。師直は、師直追い落としの首謀者上杉重能・畠山直宗・僧妙吉・斎藤利康・同修理進らの引渡しを要求した。

尊氏邸での評定の結果、①上杉・畠山両氏は師直に預けられ越前に配流する。②妙吉は逐電《ちくてん》したので不問とする。③奉行人斎藤両人は、尊氏の意向に任せる。④直義は政務から身を引く。⑤関東の足利義詮を京都に招き政務を任せる、ということに決まり、師直軍は包囲を解き、直義は三条坊門の自邸に帰った（『園太暦《えんたいりやく》』）。

この『園太暦』は、洞院公賢《とういんきんかた》（一二九一―一三六〇）の日記で、公賢は内大臣・右大臣・太政大臣を歴任した上級公家、北朝の重鎮で、この時点では評定衆として朝政に参画していた。それゆえ、この日記は南北朝時代の一級史料となっている。この日記のなかで高師直のクーデターについて「但し、或は云う、大納言（尊氏）と師直、兼ねて内通の事有かと云々」と記し、師直と尊氏の内通の観測が流れていたことを記している。また、謀議の首謀者上杉・畠山がその敵対者に預けられることは先例がないと批判しているが、その心配は的中して、後日二人は配流《はいる》先で師直の手の者に殺害され、師直に対する恨みが両家に刻まれることになった。また、首謀者の一人妙吉の住坊は破却された。

以上のように、ひとまず軍事的には事態の解決をみたわけであるが、この状況を幕府崩壊の危機とみた天龍寺夢窓疎石は、急いで和平工作に乗り出した。その努力の結果、直義は一応政務に復し、師直の執事職も復活した。十五日に行われた三条坊門邸における評定には直義・師直も出仕した（『園太暦』『師守記《もろもりき》』）。

九月五日、尊氏はやがて跡目を相続させて、直義の権限を制約するために、鎌倉から子息義詮を京都に招いた。替わってその弟基氏を鎌倉の主として赴任させた。こうして政治の主導権を回復した尊氏は、長門探題として備後国鞆《びんごのくにとも》に拠点を持って直義派として活動していた直冬の討伐に十日に出陣し、直冬は四国から九州に逃走している。その後、義詮に実質的に権限を奪われた直義の勢力は衰退し、直義は引退し出家（恵源と号す）してしまった。

直義の反撃、高師冬の没落と討死

この直義派衰勢を盛り返すきっかけをつくったのは、南九州に逃れていた直冬である。直冬は肥後《ひご》国の川尻氏を味方につけて勢力を伸ばした。観応元年（一三五〇）六月、尊氏は高師泰を征討軍に送ったが、途中の石見《いわみ》で直冬方と戦っている間に北九州の少弐・大友氏が直冬方になり、尊氏は再度出陣することを迫られた。その出陣直前の十月二十七日に、直義は大和《やまと》から河内《かわち》に入り、畠山国清（嫡流の畠山氏）に迎えられて石川城に入り諸国の武士に師直・師泰の誅罰を呼びかけた。これに応じたのは越中《えっちゅう》守護桃井直常、讃岐《さぬき》守護細川顕氏、伊勢《いせ》守護石堂頼房らの直義派で、直義の呼びかけに応えて上洛の途についた。

情勢の急変によって九州出陣途中の尊氏・師直は、備前《びぜん》から引き返し、これに石見にあった師泰も合流した。観応二年（一三五一）正月、直義と畠山・石堂・細川・桃井氏は入京し、若狭《わかさ》・丹後《たんご》守護山名時氏、前越前守護斯波高経《しばたかつね》、近江《おうみ》守護佐々木氏頼らもこれに呼応して入京した。京都で尊氏の留守を預かっていた義詮は、辛うじて京都を脱出して尊氏軍に合流した。

ここに直義軍と尊氏軍が真正面から戦闘を交える、本格的な観応の擾乱に突入することになる。尊氏・師直は京都を奪回しようと試みたが失敗した。小笠原政長・山名時氏らは直義方に寝返り、石堂頼房も入京して直義を支援し、京都合戦は直義軍の勝利となった。尊氏は、丹波《たんば》から播磨《はりま》に退き、ここに束の間の直義政権が成立することになった。

一方、関東では鎌倉に赴いた基氏を執事として、高師冬と上杉憲顕《うえすぎのりあき》が支えていたが両者の対立が顕在化し、観応元年（一三五〇）十一月十二日に上杉能憲《よしのり》が常陸信太荘に蜂起して軍勢を集め、憲顕も十二月一日に鎌倉を去って上野国《こうずけのくに》に赴き、高師冬への包囲網を強めた。四月二十五日、師冬は危険を察知して基氏とともに鎌倉を去り、相模国《さがみのくに》毛利荘湯山に遁れた。この間の事情を次の史料は時の経過を追って詳細に記している。

沙弥義慶（石塔義房）注進状写　○醍醐寺報恩院所蔵古文書録乾

関東注進状案

上杉左衛門蔵人（能憲）、去年観応元十一月十二日、常陸国信太庄におひて旗を揚ぐ。同十二月一日上杉戸部鎌倉を立ち上野国へ下向す。同月廿五日高播磨前司（師冬）鎌倉を没落し、同日夜半、毛利庄湯山に着す。若御前ニハ三戸七郎、彦部次郎、屋代源蔵人、一色少輔三郎、加子修理亮、中賀野加子宮内少輔、今河左近蔵人御共す。此人々五人、湯山坊中におひて、翌日辰時、三戸七郎ヲハ宮内少輔これを討つ。彦部ヲ加子修理亮これを討つ。屋代ヲハ義慶手これを討つ。以上三人討たれおわんぬ。仍《よ》つて同十二月廿九日若御前鎌倉へ入御、御共人々上杉戸部（憲顕）以下先陣三浦介、椙下判官後陣。爰《ここ》に播磨前司甲斐国逸見城に楯籠ると云々。討手正月四日上杉兵庫助数千騎勢を卒して発向す。加子宮内少輔三郎、上杉左衛門蔵人を以つて海道より上洛を企て候。此旨を以つて披露せしめ給ふべく候。恐惶謹言。

観応二年正月六日　沙弥義慶（石堂義房）

謹上　御奉行所

この史料は、足利直義と上杉憲顕が、一時、関東を制圧する直前のものである。常陸国信太荘《しだのしょう》（土浦市）で挙兵した上杉能憲が高師冬を鎌倉から追い落としたとき、師冬は幼い足利基氏（若御前）を擁して、それに直臣が幾人かついて相模国を落ち延びていく途中、毛利荘《もうりのしょう》湯山（神奈川県厚木市飯山）で造反が起こった。直臣のなかの三戸七郎（高師親）や彦部・屋代氏らは直義派の一色・加子・中賀野・今河・石塔氏たちによって討たれ、基氏は奪回されてしまう。逃れた師冬は甲斐国《かいのくに》逸見城にたてこもり、上杉兵庫助（憲将）が討手として差し向けられた。基氏（若御前）は直義派に奪回されて、迎えに参上した上杉憲顕・三浦高通らに伴われて鎌倉に帰還する。一方、上杉能憲らは東海道を通って上洛するなどと、義慶（石堂頼房）が京都の直義の下に報告しているのである。

その後、足利基氏自身は、父尊氏と叔父（養父）直義の対立の間で苦労することになるが、終生直義に対する尊敬の念は変わらなかった。上洛した上杉能憲は、次に高師直らの誅殺を実行するのである。

湯山を遁れた師冬は甲斐国逸見城に赴き、その後は追われて逸見氏とともに甲斐国須沢城に拠ったが、正月十七日に諏訪下宮神主（諏訪氏）によって討取られている（「市河文書」）。

高師直・師泰の滅亡

この間に播磨方面で態勢を整えていた尊氏・師直軍は、二月十七日摂津国《せっつのくに》打出浜《うちではま》（兵庫県芦屋市）に進出し、直義軍と激しい戦闘を交えた。この合戦で尊氏軍は敗北し、師直・師泰は負傷してしまい戦意喪失の状態となった。尊氏は近臣の饗場氏直《あえばうじなお》を直義の八幡陣に派遣して講和を要請し、三度にわたる使者の往復の結果、師直・師泰の出家・引退を条件に師直らを伴って帰京することになった。尊氏は、師直・師泰に戦争責任を負わせて出家させて、直義に和を請い京都に帰還することができた。出家姿となってみすぼらしい師直・師泰らの一行と一緒に行軍するのを嫌った尊氏は、後に離れて行進させた。ところがその途中に悲劇が起こった。二十六日に現在の甲子園球場の近くの武庫川《むこがわ》鷲林寺《しゅうりんじ》前で、尊氏軍と離れて行進中の師直・師泰兄弟らを、直義方の上杉能憲の軍勢が襲撃して皆殺しにしてしまった。このとき殺害された人びとは次のとおりである（『園太暦』）。

武蔵守入道（師直）　越後守入道（師泰）　高刑部（師兼）　武蔵五郎（師夏）　越後大夫将監（師世）　豊前五郎（師景）　河津左衛門尉　鹿目左衛門尉　同平次兵衛尉彦目　文阿弥陀仏　正阿弥陀仏

すなわち高一族は六人で、師夏は師直の子、師世は師泰の子、師景は師直の甥、師兼は師直の従兄弟に当たる。その他に家臣四人と二人の時衆従軍僧が記されているが、その他に省略された従者も数十人に及ぶという。

この襲撃を行った上杉能憲は、先に高師直に越前で誅殺された重能の甥でその養子に当たり、上杉氏への仇を返したことになる。先に述べた高師冬の殺害とあわせて、高師直一族の主要メンバーは殺害されてしまったのである。

『太平記』巻二十九は、無防備の高一族に対する凄惨な殺戮場面をながながと記述し、武将を仁義の勇者と血気の勇者に分つ『論語』の章句を引用して、師直・師泰は仁義なき血気の勇者と決めつけ、高一門の驕《おご》れる行動の結果としてその惨めな最後を批判的に語っている。

『太平記』巻二十一には、「塩谷《えんや》判官《ほうがん》讒死《ざんし》の事」という節を設け、塩谷高貞妻に横恋慕《よこれんぼ》した師直が兼好法師《けんこうほうし》に恋文の代筆をさせたり、彼女を獲得せんがために夫をゆえなく殺戮する物語を掲げている。この師直の女狂いや悪逆の行為は後世にも伝わり、悪逆無道の武将の代表格にのし上がる。「仮《か》名《な》手《で》本忠臣蔵《ほんちゅうしんぐら》」の吉良《きら》上野介《こうずけのすけ》は高師直の名で登場することになる。この源泉は『太平記』の悪玉化の手法にあると思う。この点では、正道論を説く直義の「善玉化」と対極をなしている。

高氏と上杉氏

南朝方との合戦において高師直・師泰・師冬ら高一族の功績は大きい。湊川《みなとがわ》合戦での楠《くすの》木《き》正成《まさしげ》の討滅、近江・山城《やましろ》における新田義貞との争闘、北畠顕家の西上作戦の阻止、四条畷《しじょうなわて》合戦での楠木正行《まさつら》の討滅、南朝方の吉野制圧、常陸合戦における北畠親房方の制圧など大きな軍事的局面に必ず登場し、合戦を勝利に導いている。その軍団の強さの基礎は、畿内近国を中心とした中小武士団を所領給付の要求でひきつけて編成し、活躍させたことにある。

高氏は、足利氏の家政を預かる執事として、鎌倉時代以来勢力を振るっていた。これに対し、上杉氏は京下りの官人である。建長《けんちょう》四年（一二五二）公家出身の上杉重房は、鎌倉に下向した初の皇族将軍宗尊《むねたか》親王（六代将軍）に従って鎌倉に下り、将軍の補佐役として仕えて鎌倉御家人となっていった。その後、重房の娘が足利頼氏に嫁ぎ、家時を生み、その子貞氏に重房の子頼重娘清子が嫁いで尊氏・直義兄弟を生んだ。その姻戚関係で上杉氏は足利氏の一族並みの有力家臣となり、頼重の子憲房、孫の憲顕・重能らは重んぜられた。能憲は憲房の孫に当たり、重能の養子になっている。高師直によってこの養父が殺害されたので、その仇を報じたことになる（図15参照）。

上杉氏と高氏は足利氏の二大有力家臣であり、両者はライバル関係にあり、高氏は軍事部門の担当ということで尊氏を支え、上杉氏は内政担当の直義に密着していた。関東では、上杉憲顕が高師冬とともに、当初は義詮、ついで基氏の関東管領を支える執事となって東国の支配に当たっていたが、両者の関係ははなはだギクシャクしたものであった。

高師直による上杉重能の誅殺は、養子能憲による報復の大虐殺を招き、権勢を振るった高一族が一掃された。師直・師泰の助命が直義の講和条件であったのに、それが守られなかったことに尊氏は憤激し、能憲の死罪を要求したが直義の同意が得られず、罪を減じて流罪となった。このときの能憲処遇に対する尊氏・直義の見解の相違は、前者が喧嘩両成敗とみるのに対し、後者は養父重能が師直に殺害されたことに対する報復（仇討）とみる、という点にあったと思われる。能憲はやがて許されて東国で活躍することになる。この時点で、尊氏は自分に忠節を尽くした高一族を守れなかったことに痛恨の思いを抱き、能憲をして高一族の誅殺を実施させた直義への報復を心中で決意したと思われる。

尊氏方の武闘派の最たる人物は師直であるが、直義方のそれは上杉能憲で、関東と畿内

図15　上杉氏略系図

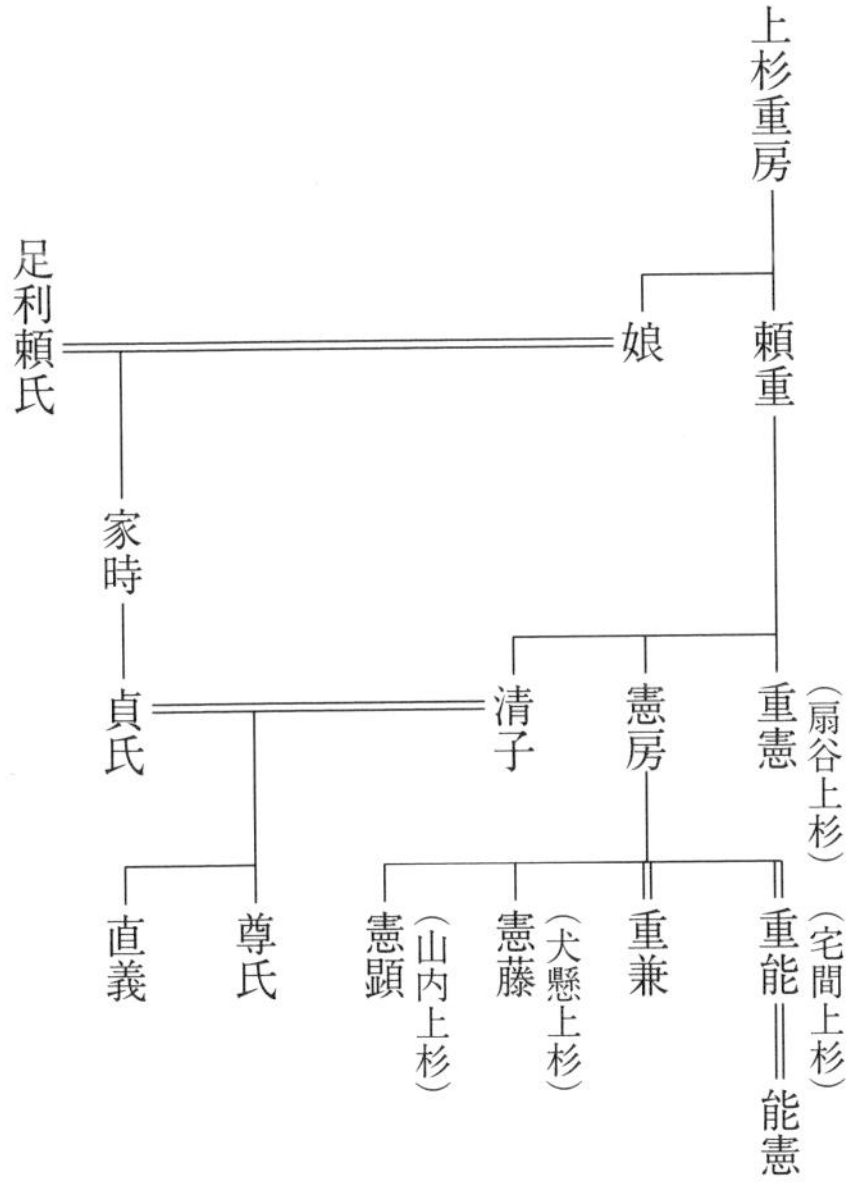

で高一族のほとんどを殺害した。その罪で一時流罪となるが、やがて尊氏没後に許されて鎌倉府に復帰し、応安《おうあん》元年（一三六八）に憲顕に代わって上杉朝房とともに関東管領《かんれい》となり、上野・武蔵《むさし》・伊豆《いず》の守護となり、鎌倉西御門《にしみかど》の宅間に報恩寺を建立して永和《えいわ》四年（一三七八）に四八歳で没している。

「伝足利尊氏画像」の像主

先に概略は述べたが、守屋家旧蔵「伝足利尊氏画像（騎馬武者像）」についてふれておきたい。この画像は、昭和四十年（一九六五）に刊行された佐藤進一『南北朝の動乱』の口絵に掲載され、南北朝内乱の幕開けとなる建武二年（一三三五）十二月に、足利尊氏は、建武政府追討軍の進攻を前にして出家・引退の決意を翻し、「一束切《いっそくぎり》」（ざんばら髪）の姿で出陣する場面とされた。その後、昭和四十九年（一九七四）に武具・甲冑研究者藤本正行氏の研究が出され（「守屋家所蔵武装騎馬画像の一考察」など）、像主を高師直とする説が提示された。藤本説の骨子は、①画像の太刀と馬具の鞖《しおで》（留め金具）の部分に記された輪違《わちがい》の家紋で、これは高氏の家紋である、②冑をかぶらず大刀を背負い、背負った靫《うつぼ》（矢入れ）に残る矢は六本にすぎず、内一本は折れていて、出陣の姿というよりは戦闘中ないし戦闘後の姿である。③頭上に掲げられた花押《かおう》は足利義詮のもので、父尊氏の頭上に花押を据えるような不遜なことはありえな

図16　(伝)足利尊氏画像（京都国立博物館所蔵）

い。④以上のことから、像主は高師直と想定され、非業な最期を遂げた師直の軍忠をたたえ、その法要のためにその一族が作成して義詮が花押を据えたものである、としている。

この論文をきっかけにして、下坂守「守屋家本騎馬武者像の像主について」、加藤秀行「武家肖像画の真偽確定への諸問題」などが発表され、藤本氏の師直説を支持しながらも、下坂氏は師直怨霊の鎮魂のために義詮側が作成したと主張し、加藤氏は像主の左足が異常に外にずれて描かれているのは、『太平記』に記された打出浜合戦の際の矢傷の表現ではないかと指摘している。これに対して藤本氏は、下坂氏に対しては一族年忌法要説を対置し、加藤氏に対しては、馬に制止をかけて足を踏ん張った際の表現と指摘している。

また、黒田日出男編『肖像画を読む』が刊行され、そのなかで黒田氏は義詮の花押は藤本氏のいう晩年のものでなく、延文《えんぶん》四年（一三五九）ごろのものとされ、像主は観応二年（一三五一）から文和《ぶんな》二年（一三五三）まで但馬《たじま》の守護であった師直子息の師詮ではないかとの新説を提出している。

師詮は但馬に在国して打出浜に参加せず、虐殺の難を免れて残った高氏を代表する人物として、但馬で義詮を支えて活動を続けた。文和二年六月九日、赤松則祐《あかまつのりすけ》と入京して義詮救援を行ったが撤退を余儀なくされ果たせず、十二日京都西山の吉峰に荻野朝忠・赤松則祐らに擁立されてたてこもったが、南朝方に寝返った山名時氏・師氏と南朝方の軍の攻撃を受け敗走の途中に馬上で切腹している（『太平記』『園太暦』）。

黒田氏は、①画像の顔の描き方が師直にしては若すぎる、②師詮の馬上切腹直前ということが画像にふさわしい、③義詮の花押の年代は、師詮の七回忌に相当する、などの理由をあげて、像主師詮説を提示している。

現在、提出されている主要な説は、師直説と師詮説の二つであり、にわかに決しがたい状況である。しかし、師詮は高氏のなかの両者の位置づけの大きな相違、すなわち高氏の主要部分が誅殺されるなかで、「思いものの腹」に出来た子をにわかに取り立てたもので（『太平記』）、その位置づけと活動が低く短い。像主の顔は、青年の顔というよりは百戦錬磨の闘将の顔である。画像の上部に据えられた花押については、東京大学史料編纂所編『花押かがみ』七に義詮の花押五九点が採録されている。これと比較してみると、観応三年（一三五二）～貞治《じょうじ》六年（一三六七）の一五年間の花押とおおまかな共通性があるが、画像の上下の横線がほぼ直線という特徴は『花押かがみ』のなかに類似のものが見出せない。

また、高氏を供養すべき主体は残された高南氏《こうみなみ》（宗継）と考えられ、樺崎寺《かばさきでら》に残された高氏五輪塔のなかに師直・宗継のものが相並んで造立されていることなどを合わせ考えると、師直説のほうが妥当と思われる、師直の十三回忌（貞治二年〈一三六三〉）に作成されたものと推定しておく。

尊氏の逆襲

頼みとする高師直《こうのもろなお》一族をもぎ取られ、足利尊氏《あしかがたかうじ》は佐々木道誉《ささきどうよ》を伴って二月二十七日、失意のなかで石清水八幡宮《いわしみずはちまんぐう》を経て京都に戻り、

尊氏・直義の和議

上杉朝定邸に宿をとり翌日自邸に帰還した。一日遅れで直義《ただよし》も帰還した。ところが直義を待っていたのは、四歳の最愛の子息死去という悲報で、直義をはじめ多くの人びとが嘆き悲しんでいた（『園太暦《えんたいりゃく》』）。しかし、直義にとってはいつまでも嘆き悲しんでおられない政治状況にあった。帰京後、尊氏・義詮《よしあきら》と直義の三人一同は会合を持ったが、「一献の礼ありけれども、この間の確執さすが片腹痛き心地して、互いに言葉少なく無興げにてぞ帰られける」という状態でしらけた雰囲気であったという（『太平記』）。「片腹痛き」とは今

日では笑止千万でという意味に使われているが、ここでは腹の片一方が痛くて、とても打ち解けて酒を酌み交わす気分になれないという語義通りの意味で使用している。

やがて、師直・師泰《もろやす》兄弟父子の首が京都にもたらされ、等持寺《とうじじ》長老の旨別源《しべつげん》が葬礼を営み、弔詞を捧げて荼毘《だび》に付した。その弔詞のなかで、「昨夜春園《しゅんえん》風雨暴《あらし》　和枝《えにわして》吹落《ふきおとす》棣棠《ていとう》花」（春園に夜来の風雨が激しく、山吹の枝に吹きつけ花を散らしぬ）という一句を読み、参会者が感涙にむせんだという。しかしその一方で、師直に近づき利益に預かっていた多くの人びとが、もはや敵方の人で関係ないとして、そのつながりを人に知られることをはばかる状況が生じていたという（『太平記』巻二十九）。その横暴に眉をひそめた人は安堵し、その勢力下で恩恵をこうむった人は、口を閉ざしてもう過去の人物には関わりたくないという態度を示したという。

ふたたび分裂

尊氏・直義の和議の条件の一つ、高師直・師泰の助命・出家引退が実行されずに直義方の上杉能憲《うえすぎよしのり》による惨殺となったことは、尊氏が受け入れがたい屈辱であり、能憲の処遇の問題が両者間の抜きがたいトゲとなっていた。尊氏は能憲の死罪を望んだが、直義によって罪一等を減ぜられて流罪で押し切られた。このことを逆手取りにして、尊氏は他の問題で譲歩を迫り、将軍の地位を保持し、義詮と組んで直義の孤立化を図っていくことになった。この直義に対する攻撃の主導権を義詮が掌握し、事態は直義対義詮の対決となっていった。これに直義派は抵抗して緊張が高まり、観応二年（一三五一）七月、京都は両者による「討手」の蜂起におびえ両者の権力闘争の渦に巻き込まれていった。この間に、直義信任の奉行人斎藤利泰の殺害、直義派の重鎮桃井直常が襲撃されるなどの事件が発生した。

　直義は、政務を辞して事態の収拾を図ろうとしたが、なかなか収まる状況ではなく、その間に尊氏・義詮による直義派撃砕の陰謀が着々進行していた。すなわち、尊氏・義詮が一時京都を離れて近国に赴き、そこで味方を結集して再度上洛して直義派を撃滅しようとする作戦であった。このころ、近江《おうみ》の佐々木道誉が南朝に降り、播磨《はりま》の赤松則祐《あかまつのりすけ》も南朝に通じ、美濃《みの》の土岐《とき》氏もこれに同調する動きを示したというので、これを討つと称して尊氏は近江に出陣し、園城寺《おんじょうじ》に陣を敷いた。次いで義詮も播磨へ出陣して行った。この佐々木・赤松両氏の南朝降伏説は、尊氏の南朝との和議交渉と軌を一にするもので、むしろ京都退去の名目にすぎなかった。直義は、この尊氏父子による挟撃作戦を事前に察知して、八月一日に桃井・斯波・畠山・山名・吉良・上杉朝定ら直義派の武将や二階堂氏などの吏僚層を率いて斯波《しば》高経《たかつね》の越前《えちぜん》金《かね》ヶ《が》崎《さき》城を目指して京都を退去して行った（「観応二年日次記」)。直義派で下向しなかったのは細川顕氏と石橋和義で、前者は帰京した義詮に取り入って京都守護の大役を任されてその無節操さを公家に批判され、後者は両派の間に板ばさみになって進退きわまって出家して中立を堅持した。直義の退去は、尊氏・義詮にとっては、結果的には作戦が空振りに終わり、大魚を逸した形になって京都に戻った。直義は、これから後にふたたび京都の土を踏むことはなかった。

その直後の八月六日、尊氏は先に寝返った細川顕氏を使者に立てて金ケ崎に遣わし、和議の申し入れを行い、直義の政務の復帰を要請したが、その条件のなかに桃井直常の追放が入っており、当然直常は強く反対し、直義もこの申し入れを拒否することになった。その間懸命に交渉に当たった細川顕氏は、破談に失望し、これを機会にふたたび直義方となるというおまけまでついてしまった。

九月十二日、直義軍は近江に出陣し、琵琶湖東北岸、姉川《あねがわ》流域の湯次(滋賀県長浜市)・八相山(同東浅井郡虎姫町)で合戦が行われ、直義軍は敗退して越前に撤退した(「伊達文書」ほか)。その後に義詮の政務を承認することで、ふたたび和議が提起されたが不調に終わり、この和議の受け入れを強く主張した畠山国清は、怒って直義を捨てて尊氏・義詮方に寝返ってしまった。以後、国清は高師直に代わる尊氏方の有力武将として活躍することになる。その結果、直義が越前にとどまることは不可能だという桃井直常の説得によって、九月二十一日に近江に出立し、東山道を通過して東国に下向し、上杉憲顕の守護国上野《こうずけ》を経て、十一月十五日に足利基氏のいる鎌倉に到着した。この間の八月十日と十月五日に、尊氏は信濃守《しなの》護小笠原政長に直義の通路を切塞ぎ防戦するよう指示を与えているが、信濃での合戦は行われずに、おそらく北陸道経由で越後《えちご》を通り（「勝山小笠原文書」）、無事に長征の旅を終えて鎌倉に入った。鎌倉では、基氏が尊氏・直義の調停を提案したが、直義がこれを許容しなかったので、伊豆《いず》に退去してしまった。

この間、尊氏は直義派の討滅を最重要の目標にかかげ、その目的達成のために吉野の南朝（後村上天皇《ごむらかみ》）と北畠親房《きたばたけちかふさ》らを通じて折衝して、十月二十四日に和議を結び、幕府は北朝の崇光天皇《すこう》を退位させ、観応二年（一三五一）を正平六年と改めた。この和議は、「正平一統《しょうへいいっとう》」と言われたが、翌正平七年（一三五二）閏二月二十七日には和議は解消し、北朝の後光厳天皇《ごこうごん》が即位し、年号は観応三年に復した。この間、幕府は南朝の正平年号を使用している。尊氏は、南朝から直義追討の綸旨《りんじ》を得て、十一月四日に新たに任じられた執事の仁木頼章《にきよりあき》・義長、畠山国清兄弟、今川範国父子、武田信武、千葉氏胤らの軍勢を率いて、京都を立ち関東に出陣した。義詮には京都の留守を命じ、西方からの足利直冬の攻撃に備えさせた。

薩埵山合戦

十一月二十六日、遠江国《とおとうみのくに》掛川に着いた尊氏は、陸奥国《むつのくに》南部の白河結城朝常に次のような書状を送っている（「榊原文書」）。

吉野御和談の綸旨に、直義誅罰の由を載せらる、間、東国へ発向するところなり。すでに今月廿六日掛川に着き候べく候。明日駿河の国に打ち越ゆべく候。急ぎ打ち立ちて、鎌倉へ詰められ候べく候。その方の事は、頼入りて候。

南朝との和談に基づく直義追討綸旨の発給を出陣の根拠にし、白河結城氏の軍勢動員を求めている。このような軍勢催促状は各地に発給されている。

尊氏は、掛川から東海道をさらに東へ進み、十二月十三日に入江（清水湊）をすぎた薩《さつ》埵山《たやま》に陣を敷いた。

尊氏が本陣を構えた薩埵山は、興津《おきつ》川河口の北、駿河湾を東に望む標高二四四メートルの山で、ここに三千余騎の軍勢が陣所を構えた。これに対して、北東の由井・蒲原《かんばら》方面の大手からは上杉憲顕軍、興津川の支流小河内川中流域の宇都部佐《うつぶさ》（静岡県富士郡芝川町内房）の搦《から》め手からは石堂義房・頼房父子が攻撃の構えをみせていた。そしてその背後、三島の伊豆国府には一方の総大将の直義が本陣を構えた。薩埵山と伊豆国府の間は約三六キロ、この間の東海道の沿道には直義軍が充満していた。それに対して尊氏軍は軍勢が少なく劣勢の観は否めなかった。しかし、当初から下野《しもつけ》の宇都宮氏綱らの大軍が、関東の尊氏方の軍勢を結集してやってくることが予定されていた。相対峙する両軍のどちらかが敵方の背後を衝く作戦を後詰《ごづめ》作戦といい、この役割を宇都宮軍が担うことになっていた。

高氏の一族、三戸師澄の子七郎師親は高師冬の甥で、高師直の猶子《ゆうし》（養子の一種）とな

図17　足利尊氏が本陣を構えた薩埵山（左）から富士山を望む

っていた。師澄の兄弟は師冬で、その妹は師直に嫁いでいた。このような点で師親は、師直・師冬にごく近い人物であったので、宇都宮氏綱はこの師親を総大将に取り立てた。この人物を担ぐことで、師直・師冬の元で戦い恩顧をこうむった関東武士の結集を図る意図があったと思われる。この宇都宮氏の出陣に先懸けをして、上野国《こうずけのくに》の大胡《おおご》・山上《やまがみ》一族は上野国新田荘の大島義政を大将にして笠懸原に打出で、世良田《せらだ》を拠点に上野守護の任についていた直義方の長尾孫六（忠房）・平三と合戦して敗れてしまった。これによって宇都宮軍は出陣の気勢をそがれたが、十二月十五日に宇都宮を立ち、薩埵山に向った。それに従う武士は、氏家・芳賀・益子・薬師寺ら一族・家臣に、武蔵の猪俣・安保・岡部らが加わり、下野国佐野荘天命《てんみよう》宿で佐野・佐貫《さぬき》一族が加わった。しかし、この過程で師親は、狂気となり自殺してしまい、先述の意図に反して著しく士気を削ぐ結果となった。師親は、総大将の重圧と、かつて打出浜合戦後に高師直一族の大量虐殺された連想とが重なり、狂気となったと考えられる。

しかし宇都宮軍は態勢を立て直して、上野国那波《なわ》荘の合戦では桃井・長尾の軍勢を撃破して武蔵《むさし》に入り、さらに武蔵守護代吉江氏の軍を撃破して武蔵・上野を制圧して、雪だるま式に勢力が拡大されて三万余騎に軍勢にふくれあがったという。

伊豆・駿河《するが》の直義軍のなかでは、宇都宮軍到着前に薩埵山の陣を叩くべしという意見が起こったが、上杉・石堂両氏が満を持して許さず、これにいらだった児玉党が独力で桜野という険阻な地から攻撃を仕掛けたが、坂中の高所から石弓の一斉攻撃を受けて敗北してしまった。

二十七日、宇都宮軍は足柄山で直義の守備軍を撃破し、箱根・竹下《たけのした》に着陣した。別に行動していた小山氏政も国府津《こうづ》（神奈川県小田原市）に着陣した。これらのおびただしい後詰の軍勢の篝火の様子をみて、薩埵山包囲の直義軍は恐怖を感じて逃亡者が続出して戦意を失ってしまった。尊氏軍の仁木義勝らは一挙に直義軍を突き崩し、伊豆国府まで押し寄せた。直義はたまらず、伊豆国北条に退去し、さらに伊豆の山中に逃れた（以上『太平記』巻三十）。

この合戦で、宇都宮軍に属して転戦した高麗助綱《こますけつな》の軍忠状（正平七年正月付）には次のように記されている（「高幡高麗文書」）。

八月十一日、「鎌倉殿」（尊氏）の御教書《みぎょうしょ》と三戸七郎殿（師親）の内状を得て、十九日に宇都宮に馳参したところ、一族や他門の武士を糾合して義兵をあげるように命じられ、いったんは帰国した。

十二月十七日、武蔵国鬼窪（埼玉県南埼玉郡白岡町）で義兵をあげた。

翌十八日、鬼窪を立ち武蔵府中へ向う途中、十九日羽禰蔵《はねくら》（埼玉県浦和市羽根倉）合戦で那波田（難波田）九郎三郎を追罰した。同日、阿須垣原《あすがきはら》（東京都府中市近傍か）合戦で軍忠を尽くした。

二十日、府中に押し寄せ敵を追い散らし放火せしめ、ならびに小沢城（神奈川県川崎市多摩区菅）を焼きはらった。

二十九日、相模足柄山で敵を追い落とした。

今月一日（正平七年正月）伊豆府（静岡県三島市）に馳参、鎌倉に至り御供いたした。

これとほぼ同文の軍忠状に、高麗助綱の同族、高麗経澄のものがある（「町田家文書」）。直義軍の主力の上杉憲顕・長尾清景らは信濃を目指して撤退していった。千葉氏胤軍が追撃したが、早川尻（小田原市）で逆に捕捉されて敗退し、上杉軍は信濃に遁《のが》れることができた。その他の直義軍は、討ち取られたり、逃亡ないし降参したりして解体してしまった。

尊氏・直義両軍とも、中核の構成部分は強固な団結を維持しているが、その他の多くの武士たちは両者からの軍勢催促を選択して応じ、「一所懸命」の所領獲得を目指して勝馬に乗ろうとして集合してきたにすぎない。直義軍の優勢を確認して参陣した者も、宇都宮氏らの関東勢の大挙出現を前にして、戦闘意欲を失ってしまったのである。

伊豆山中にあった敗軍の将直義の許へは、尊氏の書状を持った畠山国清・仁木頼章らが訪れて和議の申し入れを行い、直義もそれを受け入れて尊氏に伴われて正月六日に鎌倉へ戻った。和議条件には政界からの引退が入っていたと思われるが、直義にはすでに政界復帰の気力が失せていた。

直義の死

二月二十六日、高師直らが殺害されてちょうど一年を経た日、直義は鎌倉で没した（四六歳）。没した場所は、延福寺（「常楽記」）、大休寺（「鎌倉大日記」）、鎌倉稲荷智円坊屋敷（「建長寺年代記」）と表現が異なるが、いずれも浄明寺境内にあり、ここで没したことは確実である。浄明寺は足利義兼が創建したときは極楽寺と呼ばれ、境内に稲荷社が勧請《かんじょう》されていた。この稲荷社は、後に義詮が京都の天龍寺の傍らに移建して大倉大明神として直義の霊を慰めた。大休寺は直義の菩提寺となり、大休寺殿と追号された（法名は恵源）。

直義死去の報は一〇日後の閏二月七日に京都に伝えられた。洞院公定《とういんきんさだ》は「天下の静謐《せいひつ》のために神妙か」と評価しながらも、「毎事凡慮は計り知れないものがあるが」、と記している（『園太暦』）。『太平記』巻三十は、直義の死の悲劇性をひときわ強調し、近侍の者もなく牢のような屋形に警備がついて世間との交流が途絶するなかで、黄疸《おうだん》の病で没したとしている。この病は、胆管の閉塞や肝細胞の機能障害によって血液中の胆汁色素が異常増加し、皮膚や粘液が黄染される病気である。おそらく急性の肝臓癌が黄疸症状を伴って急死に至ったと思われる。また、風評として鴆毒《ちんどく》による毒害で怨敵（尊氏）によって毒殺されたことは哀れだとも記している。しかし、この風評は直義の突然死を説明するには都合がよいものであるが、史実でないと思う。尊氏にとことん抵抗して苦しめた尊氏の子息直冬も殺されずに天寿を全うしている。かつて直義によって殺害された護良親王の怨霊が直義に祟るという『太平記』の構想からすると、毒害の報復というのがもっともふさわしい手法と思う。多くの研究書がこの事を疑問視しながらも毒殺説を記していることに問題を感ずる。

『太平記』は、鴆毒を用いた直義の毒害を、後醍醐天皇の皇子成良親王・恒良親王の場合に当てて記述している。この毒害も高柳光寿氏によって「虚妄」として退けられている（『足利尊氏』）。これらも含めて、三皇子の殺害の応報として、直義を毒殺する必要があった『太平記』の事情と解してよいとものと思う。

この駿河国東部から伊豆国西部、その前後に関東各地に展開された一連の合戦の名称を、尊氏が本陣を構えた場所の名を取って薩埵山合戦と称する。この合戦は、尊氏・直義対決の天下分け目の決戦であった。この合戦が両者の長期にわたる観応《かんのう》の擾乱《じょうらん》という対立抗争に一応の決着をつけたことになる。

武蔵野合戦

薩埵山合戦は尊氏の勝利に終わり、観応三年（一三五二）二月二十六日、直義が鎌倉で没した直後の閏二月、関東で上杉憲顕と南朝方の宗良《むねよし》親王を奉ずる新田義貞遺児新田義宗・義興ら反尊氏勢力がいっせいに蜂起し、武蔵を中心に大きな合戦が展開された。これに先んじて南朝は、閏二月六日の後醍醐天皇の皇子宗良親王を征夷大将軍に任じ関東に下らせていた。義興は十五日に新田荘世良田長楽寺に兵士の乱暴《らんぼう》狼藉《ろうぜき》を禁止する制札《せいさつ》を下しているから（「長楽寺文書」）、このとき宗良親王を迎えて新田荘に蜂起し軍勢を集め鎌倉をむけ進撃していったと考えられる。これに与同して信濃の諏訪氏や、薩埵山合戦の敗北以後に上信国境地域に遁れていた上杉憲顕軍が加わり、大軍となって武蔵を進撃して鎌倉に迫った。新田義貞、北条時行に次ぐ三度目の鎌倉攻めであった。薩埵山合戦の時点では、尊氏は直義を打倒するために南朝との和議を結び、一時北朝を廃していたので、南朝は尊氏の立場に立っていた。しかし薩埵山合戦の勝利以後尊氏はその和議を解消したので、南朝はふたたび尊氏打倒の立場を鮮明にした。

この反尊氏勢力の進撃を前にして、尊氏は難を避けて武蔵神奈川に逃れ、十八日には義興は鎌倉を一時占拠した。

一方、西国では、南朝方の北畠顕能・千種顕経・楠木正儀《くすのきまさのり》らが京都に向けて進撃し、留守を預かる義詮は七条大宮辺に迎え撃ったが細川頼春が討死にして大敗して近江に遁れ、南朝方が京都を制圧した。東西ともに、足利方は苦境に立った。この間の東西同時蜂起の政治的筋書きは南朝内の北畠親房が担当している。

その後、尊氏は矢口（東京都稲城市矢野口）に移陣し、武蔵府中の南の要衝（関）である関戸（同多摩市）を守る新田義興と対峙した。翌二十日には多摩川北岸の人見原（府中市）、金井原（同小金井市）で合戦が行われた。人見郷は府中の東の関で、人見街道の木戸と人見宿があり、その周辺の人見原で合戦が行われた。金井原（小金井市）の金井は府中の北の関（木戸）が想定され、これらの合戦は、武蔵府中を守る新田・上杉連合軍に対して足利方が周囲から攻撃をかけたと考えられる。この合戦で尊氏軍は敗れて、一時、石浜（浅草）に退陣した。

『太平記』巻三十一によると、

将軍石浜を打ちわたりたまひける時は、すでに腹を切らんとて、鎧《よろい》の上帯《うはおび》切つて投げ捨て高紐を放さんとしたまひけるを、近習《きんじゅ》の侍ども二十余騎返し合はせて、追ひ懸くる敵の川中まで渡し懸けたると、引つ組み引つ組み討死しけるその間に、将軍急を逃《のが》れて向かひの岸に懸け上りたまふ。

ということで、危機を乗り越えることができた。この渡河点は入間川か利根川かは明らかでない。石浜（浅草）に着いた尊氏は、ここで軍勢を再結集して勢いを盛り返し、閏二月二十五日にふたたび武蔵府中の方面に進撃して、小手指原《こてさし》（埼玉県所沢市）、笛吹峠《うずしき》（東京都西多摩郡檜原村《ひのはら》）の合戦で新田・上杉軍を完全に撃破した。

このとき、宗良親王は「君がため世のため何か惜しからん　捨てて甲斐ある命なりせば」（『新葉和歌集』）という和歌をつくって兵士を励ましたが、敗れてしまった。この歌は、第二次世界大戦中に国民精神を鼓舞する歌として盛んに活用された。

宗良親王・新田義宗は信濃方面に没落し、上杉憲顕は本拠地の越後へ逃れた。鎌倉を占拠していた新田義興は鎌倉を退去して相模の河村城（神奈川県足柄上郡山北町）に引き上げ、その後は武蔵・相模でのゲリラ活動に入った。しかし、六年後の延文三年（一三五八）に、武蔵国矢ノ口渡（稲城市矢野口）で武蔵守護畠山国清の配下竹沢右京亮（江戸氏一族）に渡河中に謀殺された。この物語は、ところを大田区矢口渡に替えて福内鬼外《ふくうちきがい》作「神霊矢口渡《しんれいやぐちのわたし》」という浄瑠璃《じょうるり》作品として、明和七年（一七七〇）に江戸で上演され、その後も当たり狂言としてしばしば上演された。

薩埵山合戦に続くこの武蔵野合戦の勝利によって、足利尊氏は反対勢力を打倒し、関東の支配をゆるぎないものにすることができた。この合戦で尊氏を支えた武士には、武蔵国秩父平氏系の河越・高坂・江戸・豊島・石浜氏などの平一揆《へいいっき》がおり、その軍事力の主力となった。平一揆は、河越直重・高坂氏重に組織され、その他の秩父系平氏や相模の平姓諸氏をも結集した軍事集団であった（小国浩寿『鎌倉府体制と東国』）。なお、河越直重は前の薩埵山合戦ではまったく動きをみせず、尊氏・直義の間で中立を保ったとも考えられる。直義没後、今度の合戦では非常に積極的に活躍し、尊氏の勝利に貢献した。

さらに武蔵七党系の白旗一揆《しらはたいっき》や、その他の花一揆・御所一揆（直轄軍団か）・八文字一揆などの一揆集団であった。これらは尊氏によって組織化されたものであった。また、関東の宇都宮・小山・結城・常陸大掾・佐竹氏らの豪族層も参陣した。一方、新田・上杉軍には上野・信濃・武蔵の武士が参陣し、武蔵七党系の武士は、分裂して両派に分かれた。

尊氏は将軍として各地の武士を軍勢催促状によって恩賞（所領給付）をちらつかせて味

方に誘い、大きな軍事力を形成することができた。南朝方の宗良親王も征夷大将軍の肩書きを持っていたが、実体が伴っていなかったので劣勢は免れ得なかった。

そもそも室町幕府は、尊氏・直義の権限分掌による兄弟国家として成立していた。尊氏が将軍権力を掌握し、その補佐として「政務」を直義が分掌する。しかし直義と高師直、師直と上杉氏の対立が激化して観応の擾乱となり、尊氏・直義の抗争に発展し、「政務」が直義から成人し元服した義詮の手に移行していった。関東では、これらの抗争は薩埵山合戦・武蔵野合戦で決着がつけられた。

八幡合戦

関東で二つの合戦が戦われているのと併行して、京都で留守を勤める義詮は苦境に陥っていた。閏二月二十日、南朝方は北畠顕能・千種顕経・楠木正儀を京都に侵攻させた。義詮は京都七条大宮に迎え撃ったが、細川頼春が討死して義詮軍は大敗し近江に遁れた。南朝軍は京都を占拠したが、後村上天皇は八幡（石清水八幡宮）に留まって京都には入らなかった。京都の光厳《こうごん》・光明《こうみよう》・崇光三上皇と直人親王は八幡に連行されて神器の授受を行わされた後、一時、吉野の奥の賀名生《あのう》に赴かされた。南朝にとっては両朝の合一という尊氏の約束を実施させたのである。

京都は院・天皇不在の場となり、北畠親房が京都に乗り込んで朝廷を取り仕切った。三月十五日、義詮軍は京都に迫り、北畠顕能は八幡に撤退した。楠木正儀は摂津国《せっつのくに》神崎で赤松光範軍と戦い敗れた。義詮は東寺に出陣し八幡を攻撃したが攻め落とせず、八幡合戦はその後も五月十一日に後村上天皇が賀名生《あのう》に撤退するまで継続された。このような事態のなかで、三月十一日幕府は南朝の正平年号をやめて北朝の観応年号に復し、八月十七日に北朝の後光厳天皇が即位した。

「薩埵山体制」の成立と崩壊

薩埵山体制の意義

南北朝内乱はなぜ長期化したか

南北朝内乱というのは、日本歴史上最長の内乱で、六〇年近く、正確に言うと五七年間続いた内乱である。内乱がなぜそのように長期にわたって継続されたのかという問いに対する解答として、北畠親房《きたばたけちかふさ》を中心とした吉野を拠点とする南朝方の粘り強い抵抗があげられる。その南朝方のしたたかな抵抗の所産の背景として、南朝方によって全国的な経済的流通路、経済的ネットワークの掌握がなされ、それが組織的な抵抗の基礎にあったという説明がされている。戦前の話で言うと、さまざまな忠臣が出てきて、その忠臣の努力によって支えられたという話になる。

これに対して私は、内乱がこのように長く続いた主要な原因は、南朝方との軍事的勝利を目前にした段階での足利方の内部分裂、すなわち観応《かんのう》の擾乱《じょうらん》にあると思っている。足《あし》利尊氏《かがたかうじ》と弟の直義《ただよし》、それぞれ二つを頂点とする派閥抗争が発生し、それ以前の南北朝内乱開始以来四、五年の間に、南北両勢力の戦いはほとんど軍事的には決着がついた状況にあったのを振り出しに戻した。格闘技でリングのコーナーに追いつめられてダウン寸前になったような南朝方は、攻め手の側が二つに分かれて争いを始めたものだから、その間隙を利用して勢力を盛り返し体制を立て直すことができた。それゆえ、天下三分の形になって、足利A尊氏とB直義、それと南朝方と三つ巴の争覇になり、A・Bのどちらか一方が南朝と組む状況も出現した。この政治的・軍事的分裂を克服していく課題が、なかなか達成されないまま、六〇年近くも経過してしまったというように考えている。足利氏によって擁立された北朝の天皇もこの状況になかにあって廃立の憂き目にさらされた。また、各地方の武士の間にも嫡《ちゃくりゅう》流と庶流の分裂が深刻化し、上部権力の分裂に即応して所領争いによる一族の分裂を繰り広げ、容易にその対立関係は解消されずに内乱長期化の原因となってしまった。

この南北朝内乱について、これをどのような内乱と考え、どう評価するかという問題は、かなり重要な問題である。戦前の教科書などにおいては、水戸光圀《みとみつくに》の『大日本史』の影響を受け、また『太平記』の一面的解釈から、後醍醐《ごだいご》天皇とそれに従った忠臣たちの華々しい歴史という形で描かれ、忠臣と逆賊に二分割される歴史叙述となった。アジア・太平洋戦争中に召集された足利市出身の兵士が、上官から出身の在所を尋ねられ足利と答えると、「この逆賊め」という罵声とともにビンタ（顔面の平手打ち）を食らったという体験を持った人が少なからずいたという。NHK大河ドラマに『太平記』が登場し、足利尊氏がその主人公に登場するのをみて胸のつかえがおりたといい、足利市では空前のフィーバーとなった。市内北部の山を楠木正成《くすのきまさしげ》が籠もる河内千早《かわちちはや》城に見立てられ、城攻めのシーンが撮影されたとき、多くの市民がエキストラに参加して城の攻防戦を行った。

この忠臣・逆賊史観に対して、戦後は松本新八郎氏などによって、南北朝の内乱というのは、古代的な天皇政権を打倒し、武家が封建制を確立させていく封建革命の時期だと位置づけた。近年では、網野善彦氏が、やはりこの南北朝内乱というものを歴史の転換点だということで、非常に大きく評価されながら、その転換点の意味は、階級とか階層構造の変化ということではなく、日本の民族史的次元の転換点であるということを主張した。そのなかでは銭貨の流通が非常に盛んになってきて、経済的な関係などが以前とは変わったものになってきているということもその例証にあげ、ある面では重商主義とか、資本主義的萌芽がでてきたと主張している。

たしかにこれ以降の時期では、中国で発行された銭がかなり日本列島のなかで広く流通するようになってきて、その銭貨流通を基軸にした経済発展がかなりみられる。しかし、それはまもなく、一五世紀の中葉を境にして、今日の言葉で言ったら一種のバブル経済の崩壊とでもいうか、そういう経済上の破綻という状況があって、それまでの非常に華やかな経済発展に、ブレーキがかかってくる。しかし、南北朝内乱期以降に資本主義的な萌芽をみるというのは、問題があろうかと思う。私自身その南北朝内乱をどのように規定するかという準備はないが、とりあえず南北朝内乱の政治過程を室町幕府と鎌倉府を中心軸に据えて、尊氏・直義兄弟を頂点とする確執の解明を試みることにする。

私は、中世史の研究をするうえで、この南北朝内乱と一五世紀後半の享徳《きょうとく》の乱の状況の二つをきちっと押さえることが非常に大切なのではないかと思う。その理由は、南北朝内乱を経て確立していった室町幕府と鎌倉府の政治体制が、享徳《きょうとく》の乱・応仁《おうにん》の乱によって崩壊していくからである。東国では、享徳の乱とそのなかで発生した長尾景春《ながおかげはる》の反乱、それに続く長享《ちょうきょう》の乱、永正《えいしょう》の乱と戦国時代の展開過程を押さえるという点からも、重要な研究テーマになると考えている。

日本列島のなかの東国地域を、どう把握するか。そして、その地域の特質をどう考えるかということは非常に重要な歴史研究上の課題だと思う。地域とは、非常にマクロに把握すれば、東アジアとか、日本列島というのも地域だし、東国・西国、あるいは武蔵国なども地域である。研究の手続きとして特定のエアリアを地域として設定し、その地域の特質を見極め、そしてその地域は他の地域とどういうつながり、交流関係を持っているか検討しながら、地域の集合体としての全体像をまた明らかにし、全体と地域との関係も考えていくという点で、地域史研究というのは重要な研究だと思う。その意味で本書は、かなり東国地域にこだわって叙述している。

薩埵山体制の成立

「薩埵山《さったやま》体制」というのは何かというと、足利尊氏が弟直義との薩埵山合戦において勝利して、兄弟対決の観応の擾乱に決着をつけた後に、尊氏によって形成された東国の政治秩序を言う。これは鎌倉府の成立過程、初期鎌倉府の重要な一段階として位置づけられるものである。この初期鎌倉府というのは、論者によってその実態について評価の相違があるが、磯崎達郎氏や私は、形式上では一応体裁は整えたものの実態がなかなか伴わず、関東を一元的に支配するような政治権力が十分確立しえなかったという点に重点を置いて考えている。その初期鎌倉府というものに先行して、鎌倉将軍府という足利直義が建武政権下で作った組織がある。それは中先代《なかせんだい》の乱（北条時行の反乱）の際に解体してしまうのだが、それの一定の継承関係と一時的断絶関係を持ちながら、初期鎌倉府が作られていくことになる。

関東では、南朝方の衰勢を挽回する使命を担って伊勢《いせ》大湊で大船団を組み、奥羽《おうう》を目指して出航した北畠親房が台風に遭遇し霞ヶ浦の南岸に漂着した。そこで態勢を立て直して、常陸《ひたち》合戦という大きな決戦が行われる。この問題をなんとか処理しなければ常陸・下野《しもつけ》・下総《しもうさ》などの関東東北部の地域の足利方の支配がなかなか確立しない。こういう状況のもとで、高師冬《こうのもろふゆ》が足利尊氏の命を受けて下向してきて、この合戦に勝利して北畠親房を打倒する。敗れた親房は吉野に帰ることを余儀なくされる。

そこで非常に大きな問題は、そのときに下向してきた高師冬は一体どういう役職をもって下向してきたのかである。彼が鎌倉府の執事であるのかどうか、あるいは足利尊氏から軍事・政治の権限を一元的に委譲された侍大将《さむらいだいしょう》と武蔵の守護を兼帯してやってきたので戦いが終わるとふたたび京都の方へ戻っていったという解釈がある。その一方で、やはり鎌倉府の執事であるということが主張されている。そのことについてはっきり証明することはできないのであるが、内乱の帰趨を決する岐路に、関東の軍勢を動かして戦いに勝利するため、尊氏によって派遣された侍大将ということだけではなくて、やはり武蔵の守護と鎌倉府執事とを兼ね備えてやってきたのではないかと考えている。これを巡っていろいろな議論が展開されているわけであるが、今後もその推移を見守りたいと思う。

そのような初期鎌倉府の段階のなかで、観応の擾乱が起こってくる。尊氏と直義が血みどろになって、何度も何度もいろいろな戦いを繰り返し、最終的にはどこで決着がついたかというと、駿河国の薩埵山（東海道の一峠）で両軍が相まみえて、そこで尊氏方が勝利する。これが薩埵山合戦である。その薩埵山合戦の勝利によって、最終的に勝利した尊氏が、その翌年に武蔵野合戦という形で、直義派の上杉憲顕《うえすぎのりあき》、南朝方の新田義宗《にったよしむね》の連合軍を撃破して、関東の政治的・軍事的支配権を確立する。この時点で、この勝利に貢献した勢力の三本柱が、武蔵《むさし》の畠山国清・河越直重と下野の宇都宮氏綱である。この三本柱を中軸に尊氏が組織した政治体制を「薩埵山体制」と名づけている。

体制の構造

この政治体制には、東国の支配に貢献した直義派の上杉氏が放逐されて不在ということで「上杉なし」と言ってもいいのだが、上杉氏はこの後には越後・上野の国境地帯でゲリラ活動をして反撃の機会を待つことになる。しばらくは尊氏

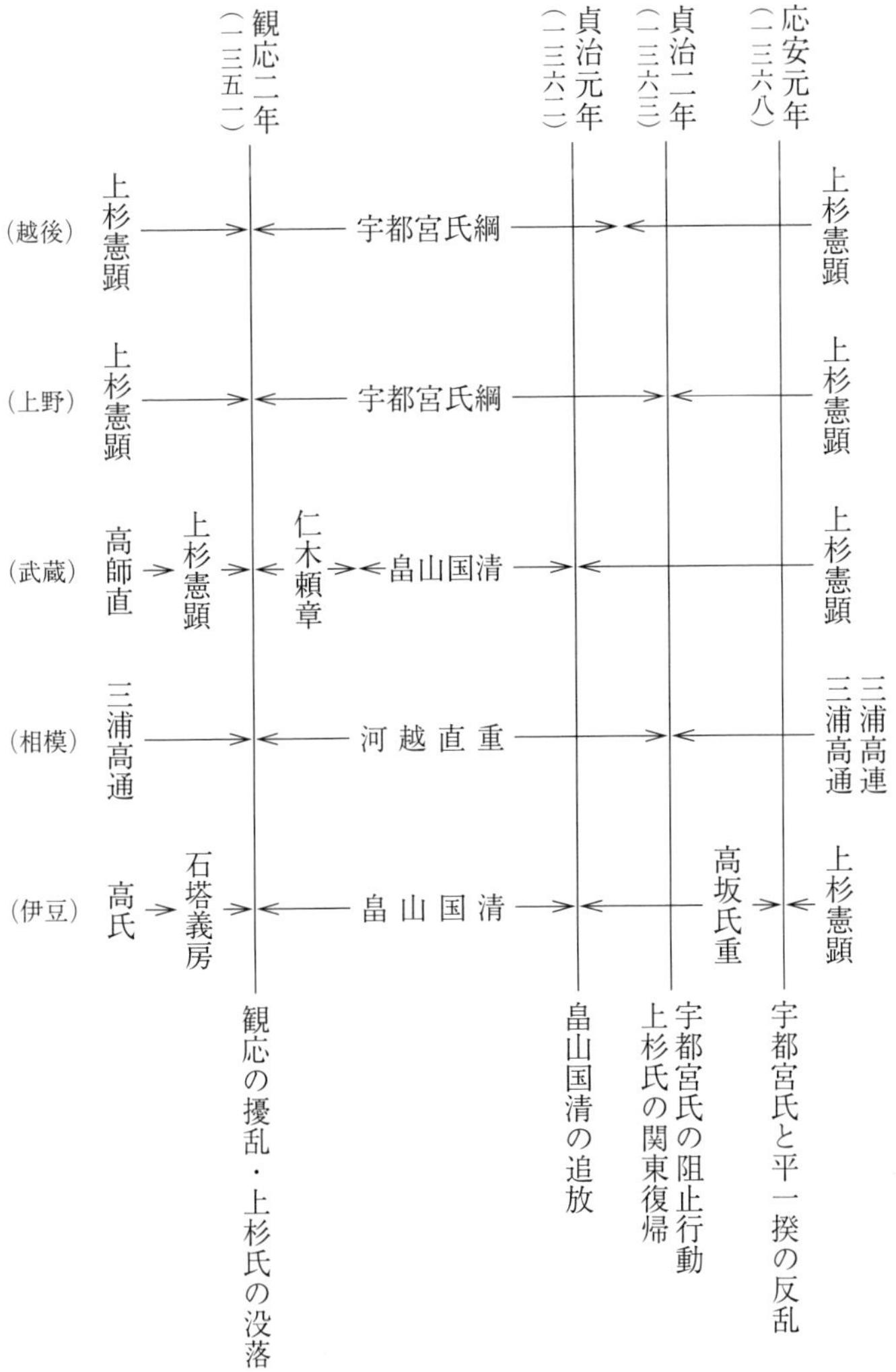

図18　上杉氏の没落と復帰をめぐる守護の交替

が「鎌倉殿」と呼ばれて、関東にいて関東の支配を実現し、政治的安定を最大目標にして鎌倉で頑張り、鎌倉府の基礎を作る。これ以後この「薩埵山体制」という政治体制がしばらく続くわけである。

畠山国清が管領で武蔵・伊豆《いず》の守護になり、河越直重が相模《さがみ》の守護、宇都宮氏綱は下野半国（下野守護説と半国守護説あり）と上野《こうずけ》・越後《えちご》守護と、この三本柱を中心とする支配体制が作られる。これを図化すると図18のようになり、非常に明確になる。越後・上野・武蔵・相模・伊豆といった関東の主要な守護がどのように変わったか、観応二年（一三五一）の観応の擾乱、上杉氏の没落、薩埵山体制の確立という一線でもってきれいに変化し、越後の守護は上杉から宇都宮、上野の守護も同様、そして武蔵の守護も、上杉憲顕から仁木頼章を経て、その後、畠山国清へと、相模の守護が河越氏、そして伊豆の守護が畠山国清にと変更される。観応二年（一三五一）から延文《えんぶん》五年（一三六〇）までのほぼ一〇年余の間その体制で継続されることになる。

表2は、尊氏と直義、それから尊氏の子息の千寿王《せんじゅおう》（義詮《よしあきら》）と基氏《もとうじ》、それと斯波家長・高師冬・畠山国清・上杉憲顕といった執事たちが、鎌倉に留まった状況を示したものである。点線の部分はその不在を示す。実線の部分では、尊氏は、最初に建武二年（一三三

五）に関東に来て、鎌倉を本拠として後醍醐天皇に反旗を翻《ひるがえ》す。やがて京都にて室町幕府を作った後、観応の擾乱で弟直義を打倒するために、文和元年（一三五二）から二年にかけて鎌倉に滞在し、「鎌倉殿」という形で、将軍が鎌倉にいて「薩埵山体制」の基礎を築く。その間の京都には自分の分身である嫡子の義詮を置く。直義の場合は、鎌倉将軍府に建武政権の最初のころにいて、それからその後の文和《ぶんな》元年（一三五二）前後に鎌倉を制圧し、一時鎌倉から尊氏派を一掃したけれども、やがて尊氏との薩埵山合戦で敗れ幽閉された後に殺されたとされる。それから千寿王（義詮）は、鎌倉幕府滅亡後に幼いころからずっと鎌倉に貞和《じょうわ》五年（一三四九）九月までいて、京都に戻る。その後に交代して弟の基氏が九月から鎌倉に居ることになる。

それに応じて、執事の変遷もみられる。執事と管領の関係は難しいのであるが、私は鎌倉府の確立、公方《くぼう》・管領《かんれい》体制の成立、すなわち貞治三年（一三六四）に上杉氏が復活して管領に赴任する以後を管領といい、それ以前を執事として一応分けて表現することにする。執事は初期のころは斯波家長が任じられ、その没後は上杉憲顕と高師冬が並任され、高師冬が京都に帰って、憲顕が一人で牛耳っていた時期もある。

やがて直義派が敗退するなかで、上杉憲顕が失脚して追放されると、畠山国清に代わり、

（表2つづき）

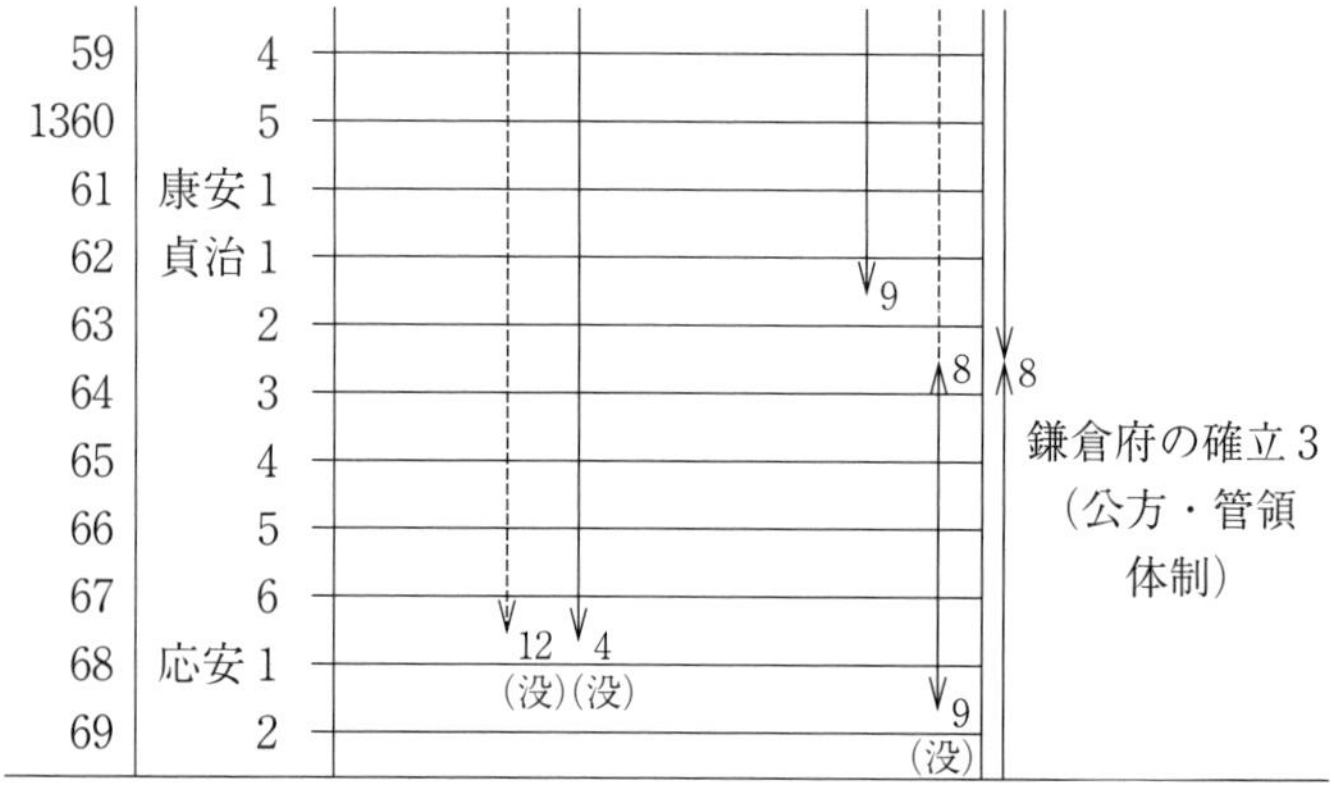

注1　←→脇の数字は月を示す。
　2　実線は鎌倉、破線は京都を示す。

国清が貞治《じょうじ》元年（一三六二）までずっと就任している。その後、佐々木高氏が一時、短期間執事に任じられるが、その後に上杉憲顕が関東に復帰することになる。表2に即して時期を区分すると、鎌倉将軍府という時期は鎌倉府以前の段階と考えるから、これを0という時期に置くと、次は初期鎌倉府という第一段階、これは胎動期というように名づけ、それから「薩埵山体制」という形で尊氏の主導によって成立する鎌倉府というのが第二段階で、第三段階が本格的鎌倉府の確立で、すなわち公方・管領体制の成立となる。

表2　将軍・鎌倉公方・執事・管領の関東在留期間と鎌倉府の時期区分

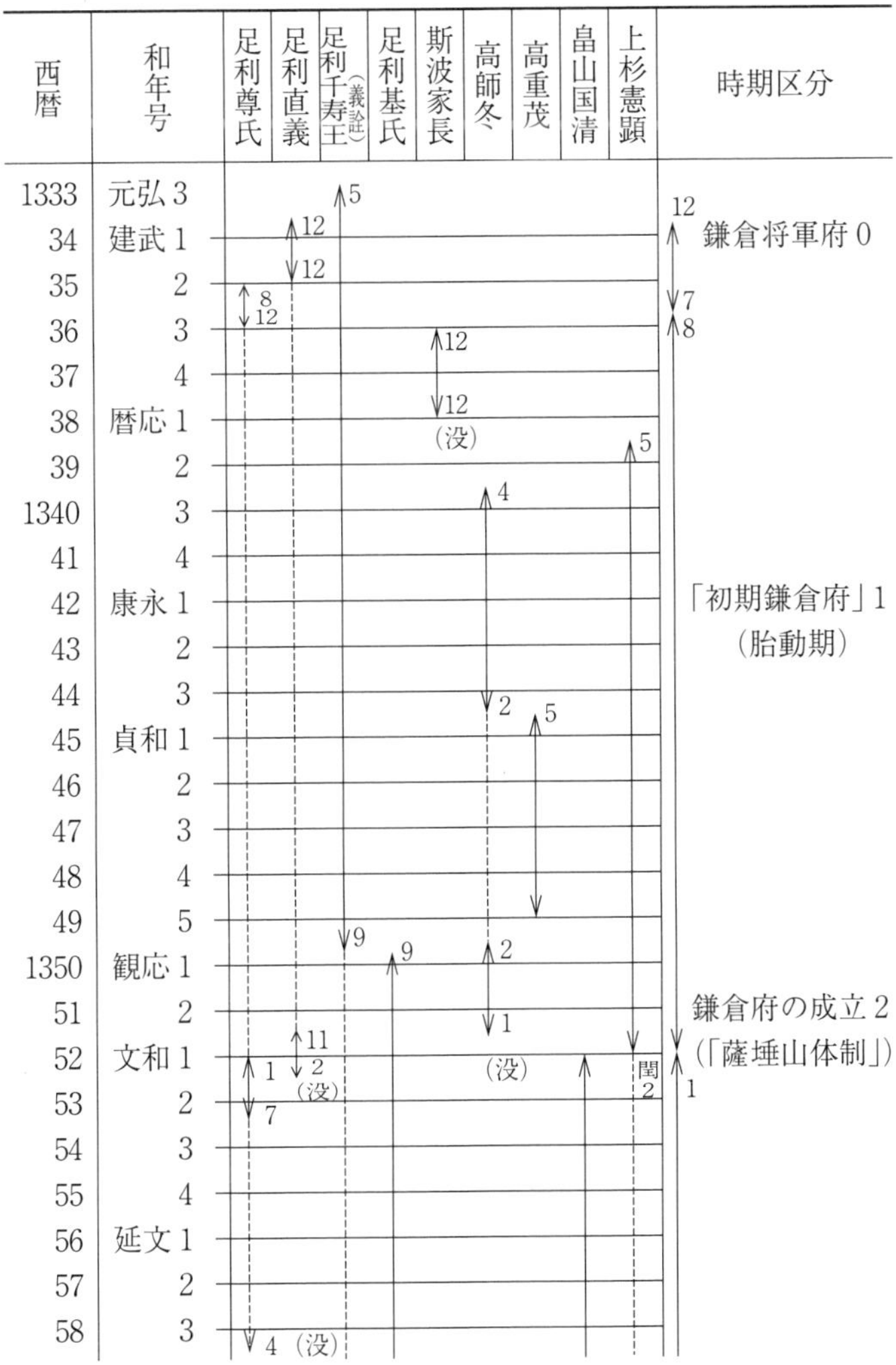

薩埵山体制から鎌倉府へ

入間川御陣

足利基氏《あしかがもとうじ》が鎌倉に入って、観応《かんのう》元年（一三五〇）から応安《おうあん》元年（一三六八）まで鎌倉公方《くぼう》として関東に君臨することになるわけであるが、この間に、鎌倉にいない期間がある。文和《ぶんな》二年（一三五三）の七月から貞治《じょうじ》元年（一三六二）九月の間は、武蔵国《むさしのくに》の中央部の入間川《いるまがわ》の陣所に滞在している。この間の経過は『北区史』通史編に詳しく書かれている。そのなかで「入間川御陣」という一つの章を作って、記述を展開している。この『北区史』ではここを首都というように書いているが、首都という命名には問題を感じるが、ともかく政権の場としてそこに陣所が置かれて、九年間も政治支配をやっていたということで、特筆に値することと思う。

この間、鎌倉でも非常に困っていたと考えられるが、この入間川と武蔵府中と鎌倉をつなぎながら、政治支配のシステムが作られていったと思う。この入間川の基氏在陣は、尊《たか》氏《うじ》の意向を受けて、尊氏が京都に戻る直前に、基氏を入間川に配置して自身は京都に帰っている。関東の政治的安定のために入間川に陣所を構えることの重大さを意識した尊氏の意を受けて、基氏はそれを実践したのだと思う。その入間川の基氏を支えている三本柱、すなわち武蔵守護としての畠山国清、それから河越直重、それからもう一人は下野《しもつけ》の宇都宮氏綱が、基氏を支える核となっている。これらの武将は薩埵山《さったやま》合戦のとき、あるいはそれに次ぐ武蔵野合戦の勝利に貢献した武将たちである。

なぜ九年間も入間川にいなければならなかったか、という説明については、南朝方の新《にっ》田義興《たよしおき》に対するシフトであるという見解が以前からある。その一方、佐藤博信氏から、河越氏を押さえ込み武蔵支配を安定化させるために、河越氏を敵に廻さず味方のなかに押さえ込んでおくための体制として入間川御陣が必要だったのではないかという仮説が提示されている。私はそれに対して批判を加えた。河越氏は危険視され、あるいは政治的に内側に取り込められていたというよりは、やはり薩埵山体制の三本柱の一角として、尊氏すなわち鎌倉府を支えていたと考えてよいと述べた。河越氏への信頼感があったから、基氏は入間川に陣所を築くことができたのではないかと思っている。

この問題は重要な議論のポイントにはなろうかと思う。後に基氏に反逆する河越氏ないしは平一揆《へいいっき》の問題は、小国浩寿氏の説のように、反乱の経過をさかのぼって投影して考えなくてもよいのではないかと私自身は思っている。それは状況のドラスティックな変化のなかでそうなっていったのであって、最初は忠実な三本柱の一つと考えている。畠山氏は血筋の上では足利一門だが、系譜的には秩父一門を継承しており、河越氏とともに秩父流平氏（平一揆）を結集して「薩埵山体制」を支えたと考えられる。入間川御陣は、追放された上杉憲顕とこれに、隠然と与同する武蔵・上野《こうずけ》の白旗一揆《しらはたいっき》、南朝勢力の新田義興らに対するシフトで、武蔵を中心に上野・甲斐《かい》・信濃《しなの》・越後《えちご》方面へも目配りした臨戦態勢であったと考える。

薩埵山体制の崩壊

やがて上杉氏が復活するが、もちろん上杉氏の復活の前提には、畠山国清の追放という問題があるわけである。畠山国清は関東の大軍を引率して、南朝方を攻めに行ったところが、それが大失敗に終わり彼の権威と信頼が失墜してくると、基氏は関東の武士たちの強訴に、国清を抱えておくわけにはいかず、国清を解任したと『太平記』巻三十六に記述されている。果たしてそのあたりはどうなのであろうか。この足利基氏という政治家をどうみるかはなかなか難しいところであるが、そのときどきに態度を変えながらずっとやってきた主体性のない武将だという理解もある。

しかし、非常に柔軟でしたたかな政治家で、叔父直義《ただよし》の政治姿勢に共感しながらも父尊氏への政治的批判を秘めて時間の経過を待ちながら、最終的には自分の思い通りに上杉憲顕を復活させてきて、鎌倉府体制を再構築する。それまでは父尊氏の言いつけを表向きは守るような形で、三本柱の上に乗りながら、関東の安泰を願い、やがて時期を見て延文三年（一三五八）に尊氏が亡くなると、畠山国清を追放し、そして宇都宮氏綱の反乱というのを押さえ込む。基氏の没後に宇都宮氏と結んだ河越氏らの平一揆の蜂起は鎮圧され河越氏は滅ぼされてしまう。ドラスティックな方向転換を遂げ、尊氏の築いた「薩埵山体制」は崩壊し、上杉憲顕を迎えて新しい鎌倉府の体制（公方・管領体制）が成立するのである。

この体制は、幕府（足利義詮）とタイアップした安定的な政治体制に到達する。「薩埵山体制」を構築した尊氏はどういうことを考えていたのか、これはなかなかわかりにくいのであるが、観応《かんのう》の擾乱《じょうらん》の過程で高師直《こうのもろなお》・師冬《もろふゆ》以下の高《こう》一族を自己の権力基盤から切り落とされたという点で、非常に痛恨の思いを抱き、上杉氏は許せないという気持を持ち続けたと思うのである。過日の阪神・淡路大震災の被害を受けた、あの激震地にある打出浜

（兵庫県芦屋市）というところで、高一族が上杉氏によって大量虐殺されてしまった。残った高師冬もその後に上杉氏によって鎌倉を放逐され、甲斐国で自殺することになり、ほとんど高氏は鎌倉府から一掃される。もちろん部分的に残った人たちがいて、高氏の名は残るのであるが、昔のような大きな勢力ではない。

文和三〜延文三年（一三五四〜五八）ごろに成立した唱導文学の『神道集《しんとうしゅう》』のなかに、上野国の赤城明神と下野の宇都宮明神の対立抗争を描いた物語がある。この物語は、赤城明神に代表される上杉憲顕と「薩埵山体制」を支えて上野国に守護として入部してきた宇都宮氏綱（宇都宮明神の社家）との抗争が反映された物語と考えられる。

本書の冒頭で述べたように、足利樺崎寺《かばさきでら》という足利氏の祖足利義兼の廟所《びょうしょ》（赤御堂《あかみどう》、現在は樺崎八幡宮）には、足利氏歴代の五輪塔群が南の一角に、それと対応する形で北の一角に高氏の五輪塔群が並んでいる。高氏の子孫が樺崎も含めて名草など足利荘の北部所領を持っていたから、このような五輪塔を足利氏廟所の一角に鎮魂の意をこめて建てたのだと思う。TVドラマや小説などでは高師直は戦争だけは強いが、あまり評判が良くない武将として描かれているが、ともかくも、高氏の研究というのは必ずしも十分にされていないので、いろいろ分からない点も多くきちんと研究をやる必要があるだろうと思う。

足利尊氏は、高一族を自分のために見殺しにしてしまったという痛恨の念は強く、そして、その抗争の当事者である高対上杉の間において高を滅ぼした上杉は許せない。少なくとも喧嘩両成敗というなら高師直・師冬らが滅んだ以上、上杉を政権の座に着けておくわけにはいかない、という尊氏の意向が一貫して働いており、尊氏生存中は上杉復活というシナリオはとても考えられなかったと思う。それを先ほどのような形で、基氏がねばり強く最終的には上杉を復活させてくる。当然そこには、尊氏に次いで将軍に就任した義詮《よしあきら》の関東の政治的安定のためには上杉が必要という意向が働いたと思う。

そういう点で京都・鎌倉両者の暗黙の合意として、密かに復活計画が立てられ、上杉の復活に阻止的に動く諸勢力を次々に消していくことになったと思う。そういうなかで、薩埵山体制の崩壊、三本柱の放逐を実現する。その過程で河越氏の一族の高坂氏を一時抜擢しながら河越氏を滅ぼし、河越氏を滅ぼした後に高坂氏も守護を解任させた、という指摘がある。この問題も十分視野に入れて、考える必要があろうかと思う。以上の権力構成の変化は、一〇三ページ掲載の守護変遷図（図18）に示しておいた。

室町幕府と鎌倉府

南北朝内乱の経過で、室町幕府が成立してくるわけであるが、それは同時に室町幕府から、東国支配権を委任された鎌倉府という東国政権が自立していく過程でもある。日本列島は室町幕府と鎌倉府という、室町幕府・鎌倉府体制とでもいうような、二つの政治権力が協力しあって統治する体制ができあがったと認識している。その点で、室町幕府の成立過程と、鎌倉府の成立過程を両者の関係を絡めながら考えていく必要があると思う。

南北朝・室町時代に日本列島を支配した政治権力は、言ってみれば「兄弟国家」とも言うべきもの、兄と弟がそれぞれ地域分担しながら、支配を実現しているような国家であると思う。建武政権のもとで、弟直義がいち早く、後醍醐《ごだいご》天皇の皇子成良親王を擁して鎌倉に下り、鎌倉将軍府を作った。これは中先代《なかせんだい》の乱（北条時行の反乱）で一時崩壊したが、これを尊氏・直義兄弟は再建して権力基盤としながら室町幕府すなわち将軍足利尊氏の政権ができてくる。そのときにいったい首都（政庁）をどこに置くか、という議論があって、その問題の決着がつかないままずっと政権が滑り出していった（「建武式目《けんむしきもく》」）。そういう関係のなかで、たとえば弟の直義が関東にいるときは、兄の尊氏は京都におり、それから尊氏の子供で、後に二代将軍義詮となる千寿王《せんじゆおう》がずっと鎌倉におり、いろいろな状況のなかで、尊氏が関東に下ってきたときには、代わりに義詮が京都に赴き、そして尊氏がふたたび京都に戻るときには、今度は尊氏の二子の基氏が関東に下向してくる。このような関係で親子兄弟がそれぞれ分担しあいながら、京都と鎌倉の首長となって政治を行っている状況になっている。言ってみれば、その形は平安時代から朝廷の置かれた京都と鎌倉幕府の置かれた鎌倉という形の「二都物語」の兄弟国家である。兄と弟がそのどちらかにいて支配権を行使するという政治体制である。やがて、この体制は、義詮の子孫が将軍家、基氏の子孫が鎌倉公方家となって継承されていくことになる。

佐藤進一氏によって、将軍権力の二元性ということが指摘され、その矛盾の激発である観応の擾乱を経て、尊氏・直義兄弟による権力の分担体制の克服と併行して、京都・鎌倉を楕円の二つの焦点にしながら、地域的分割統治をする国家形態が成立し、しだいに幕府・鎌倉府体制という政治的形態が確立してくる。そのなかで、薩埵山体制というような、過渡期の政治体制ができて、それを一つの媒介としてまたひっくり返しながら、次の体制ができてくる。そして幕府・鎌倉府体制という一つの国家が成立してくると私は捉えて、そのごく大ざっぱな素描をしてみたわけである。

足利氏の経済的基盤

室町幕府の御料所

平安末期から室町時代に至る中世社会は、荘園公領制《しょうえんこうりょうせい》という土地制度の下に置かれ、荘園（荘郷）ないし公領（郡郷）に分類された所領の郷・村に田畠を耕作し、年貢《ねんぐ》・公事《くじ》を納入する百姓（農民）が居住し、これを武家・公家・寺社の支配階級が支配して、その納入物を取得していた。室町幕府を構成する足利氏も荘園公領の一大領主であった。

足利将軍家は鎌倉時代以来の相伝所領に加えて、建武政権成立の際に恩賞として与えられた大量の所領群があり、これらの御料所《ごりょうしょ》（直轄領）は政所《まんどころ》という役所を通じて支配されていた。佐藤進一氏の研究によると政所の所管は足利尊氏《あしかがたかうじ》と推定され、その下で二階堂氏がその長として職務を遂行していたという。

この御料所の実態を知ることのできる好個の素材が、次に掲げる史料である。この史料については、杉山博氏が『府中市史』上巻で初めてふれ、この史料は「明徳三年以後の鎌倉府の評定衆の会議録の写し」と推定し、鎌倉府の直轄領を示すものとしている。これに対して山田邦明氏は「鎌倉府の直轄領」で、「京進」とか「検納」を指示している内容からして幕府から鎌倉府に当てた文書であると主張し、その年代は③に登場する和泉兼政が暦応《りゃくおう》元年（一三三八）に石清水八幡宮造営の武家奉行を務めていることから、貞和《じょうわ》二年（一三四六）を大幅に下るものでないとした。これらを受けた形で青木文彦氏は「内閣文庫所蔵『諸国文書』所収事書に関する基礎的考察」（上・下）で、この文書を条文ごとに徹底分析した上で、鎌倉府からの協議・照会を得た室町幕府がそれに答えた回答書と推定されること、年代は貞和二年正月から閏九月の間であると結論づけた。

これらの研究史の流れを前提にしてこの史料によって室町幕府御料所の実態に迫ってみようと思う。まず、史料全文を読み下し文に直して示す。

室町幕府御料所等所課注文写（「内閣文庫蔵諸国文書」）

条々

①一、鶴岡八幡宮御修理料足事
陸奥国に向はさる所の召米は貞和二年分也、次いで関東分国［伊豆国を除く］に宛《あて》課すべき公田段別《たんべつ》拾文、所課の両条厳密に催促を加へ、急速に其功を終はすべし。事を左右《そう》に寄せ狼藉《ろうぜき》致すべからざるの由、諸国守護人に仰せらるべし。次いで召米の京庫納分、注文に載せらるべき所なり。

②一、御家務料足、付けたり御台所御方贄殿《にえどの》分の事
元弘以後新恩の地、年貢証文二通あり、并びに本御領足利庄、市東西両郡、朝平南郡、広沢、大佐貫、愛甲庄等年貢参分壱［三分弐御免］、これを検納せらるべし。次いで元弘以後の注文二通、内一通は、年貢員数を載せられ候、一通は、少所の年貢支配左右なく、事行かざるの間、関東において相尋ぬる分限は、支配し検納せらるべし。但し在京奉公の仁の所領、悉《ことごと》く本・新共に京庫納たるべし。次いで武州夏物の事、注進状載せらるといへども、追て其沙汰あるべし。

③一、上総国伊北庄三分弐、鎌倉進《まい》らす年貢下地の事
和泉右衛門尉兼政使節として、分け渡すべく候、次いで塩谷庄内大蔵崎郷の事、惣庄一具は、其沙汰追て仰せらるべく候。

④一、武州太田庄帖絹并びに綿の事
京進貢馬の時のための御物《おもの》の間、検納せられ候。早速京進せらるべし。
⑤一、陸奥国信夫庄《むつのくにしのぶ》以下帖絹・綿・染物以下の事
同じく公家御物足たるの間、召米をもつて催促候、次いでこれを検納し、京進せらるべきの条同前。
⑥一、召米以下済物の事
京進すべきの由、催促すべきの旨、去年奥州両管領を以つて奉書成されをはんぬ。若し去年分検納せしむる哉否や、これを相尋ね、注進せらるべく候。

この史料は欠年であるが、冒頭の部分に「貞和二年分召米」とあるところから翌年の貞和三年（一三四七）のものと推定される。発給者・受給者ともにその記載がないが、尊氏が所管すると推定される政所が、その命を受けて、鎌倉府（義詮・上杉憲顕）に宛てて鶴《つるが》岡八幡宮《おかはちまんぐう》造営や関東内の幕府御料所（直轄地）の年貢徴収問題などについて指示を与えたものとされている。以下に各条ごとの指示内容を示してみると次のようになる。

①は、源氏の氏神である鶴岡社の造営費用についての指示である。これについては、陸奥国から徴収する「召米」（米納年貢）と関東全域（伊豆を除く）から徴収する段別一〇文

の段銭《たんせん》でまかなうべきである。その徴収は厳格に行い、滞納の輩は守護の権限を駆使して徴収せよと命じている。また、「召米」の「京庫納分」（京都へ輸送する分）は別の注文で指示するとあるから、陸奥国「召米」のすべてが鶴岡社造営費用になるのではなく、一定の配分のもとに京都に納められる分があったことが知られる。

この鶴岡社造営は、康永《こうえい》三年（一三四四）十二月二十六日に開始され、貞和三年（一三四七）十一月一日に完成して正殿遷宮《せんぐう》が行われている（「鶴岡社務記録」）。

②は、将軍家とその夫人の諸経費についての指示である。元弘《げんこう》の乱後に獲得した新恩地（所在は別の注文二通で示す）と関東内にある元からの本御領、すなわち足利荘（栃木県足利市）、市東西両郡（千葉県市原郡東西、千葉県市原市）、朝平南郡（朝夷《あさひな》か、千葉県勝浦市付近）、広沢（埼玉県朝霞市）、大佐貫（群馬県邑楽《おうら》郡明和村）、愛甲荘（神奈川県厚木市）などについては年貢三分の一を納めよ（三分の二免除）。三分の二は免除ということは、これは鎌倉府の取得分か。在京武士が地頭となっている所領は、本も新も直接京都へ納めよ。次に、「武州夏物」（武蔵国夏年貢、麦か）について注進状に記されているが、その措置の判断は保留して追って指示する。

③は、上総国《かずさのくに》伊北荘（千葉県いすみ市）三分の二（これは年貢高ではなくて、所領が三分の

二と三分の一に分割されている前者）について、鎌倉へ年貢を納入する下地は、和泉兼政を使節として派遣するので、この人物に渡すこと、すなわち徴収者を指定している。次に塩谷荘内大蔵崎郷（栃木県さくら市）については追って指示する。

④は、武州太田荘（埼玉県北埼玉郡・春日部市など五市五町にまたがる）の公事に当たる帖絹《ちょうけん》・綿については、「御物」（将軍家の着用品）なので納入させ、すみやかに京都に送れ。

⑤は、陸奥国信夫荘以下の帖絹・綿・染物については、朝廷の使用する品物なので、「召米」高の基準で納入させ、すみやかに京都に送れ。

⑥は、「召米」以下の納入物は、京都に運ぶように去年奥州両管領（畠山国氏・吉良貞家）に奉書を下した。去年分が納入されているか尋ねて報告せよ。

およそ、以上の内容である。これによって関東御分国（鎌倉府管内）の幕府御料所は、鎌倉府によってその年貢が収納され一括納入される部分と、個別に京都在住の武士たちの直接「京済」という二つの方法で行われ、これらについて幕府（政所）・鎌倉府間の詳細な連携があることがわかる。

なお、これらの所領のうち、広沢郷については従来は上野《こうずけのくに》国園田御厨広沢郷（群馬県桐生市）に比定されていたが、近年の埼玉県朝霞《あさか》市博物館の研究によって、朝霞市域に存在した広沢郷を相模国《さがみのくに》波多野氏（秀郷流《ひでさとりゅう》藤原氏）の支族広沢氏が鎌倉御家人として本拠にしていたことが明らかにされた。広沢氏は『吾妻鏡《あずまかがみ》』にしばしば登場し、建治《けんじ》元年（一二七五）の「六条八幡宮造営注文」に武蔵国のなかに「広沢左衛門尉跡　廿貫文」と記され武蔵国ではトップクラスの寄進額を示している。さらに、『建武年間記』の武者所結番の四番に「藤原高実　広沢安芸弾正左衛門尉」とある。この地域から中世の遺跡、遺物が大量に出土しており「武蔵国広沢郷」と記された鰐口《わにぐち》も発見されている。この広沢氏は鎌倉中期に備後国《びんごのくに》に西遷して和智《わち》氏となっている。『とわずがたり』の作者二条（皇族出身の女性）が備後の和智に赴いたとき、事件に巻き込まれたのを広沢与三入道に助けられている（栗原和彦「秀郷流関係資料の集成について」『朝霞市博物館研究紀要』九、同館『広沢郷の時代』企画展図録）。『太平記』には、この備後の広沢（弘沢）氏が三回登場する。上野国の園田御厨広沢郷には以上のような有力御家人の存在を示す徴証はない。

さて、注文中にも示されているように、ここに記載された御料所は関東内のものだけであって、このほか三河《みかわ》・丹波《たんば》など全国に分布している。同様な関係で、守護などを媒介にして支配・収取が行われていたと考えてよい。

この文書は、誰が誰に対して送ったものであろうか。「条々」という形で「鏡」（表の文書）の付属文書という形になっていて、関東のみでなく陸奥の問題も含み、鶴岡社造営と室町幕府御料所の問題が広範に論じられている。そして、幕府と鎌倉府の関係を規定する重要問題を含む。単に幕府政所といった一役所の所管する問題ではない。トップの政策志向に関する問題である。結論的に言って、この文書は鎌倉府執事の上杉憲顕《うえすぎのりあき》が幕府宛に提出した質問状に対して、足利直義《ただよし》が所管の役所の検討を踏まえて発給したものと考えてよいと思う。

幕府御料所と奉行人

鎌倉末期に作成された御料所のリストとしては、次のような文書がある。このなかの関東分については前記の史料と重複している。

足利氏所領奉行注文写（「倉持文書」）

足利庄（下野国）　賀美郡（陸奥国）　田井庄　讃甘庄（美作国）　広沢郷（武蔵国）　垪和《はが》東郷（美作国）　垪和西郷（同）

大佐貫郷（上野国）　久多大見　放光寺（上野国）　黒田保

南右衛門入道（頼基）　駿河六郎次郎　横瀬五郎入道　粟飯原《あいばら》十郎

醍醐三郎入道　堀松三郎次郎　寺岡太郎左衛門尉

一、上総国　市東西両郡（同）　朝平郡（朝夷郡か、上総国）　愛甲庄（相模国）　宮津庄（丹後国）　友子庄　秋月庄（阿波国）　稲岡南庄（美作国）　公

田上村　宮瀬村（相模国）　賀治山村

三戸八郎左衛門入道（高一族）　寺岡左衛門入道　彦部次郎左衛門尉　海老名七郎
太郎　有木中務丞六郎　源民部七郎　村上助房
一、参河国　額田郡（同）　設楽《しだら》郡（同）　富永保（同）　八田郷（丹波国）　宇甘郷（備前国）　漢部郷（丹波国）　大田郷　新野郷（美作国）
田中郷（美作国か）　田邑郷（美作国）　戸栗重富　阿土熊
上杉三郎入道（頼重）　倉持新左衛門尉（家行）　設楽太郎兵衛尉　梶原太郎左衛
門尉　小嶋三郎　有富三郎　明石次郎左衛門尉　大炊助
右、この旨を守り奉行せしむべきの状、件《くだん》の如し。

足利家の全国御料所が組み合わさって三分割され、それぞれの所領群に七人ずつの奉行人が配置されている。

足利氏の新恩所領

建武政府から足利氏に与えられた新恩御料所も膨大な数に上る。そのほとんどが滅亡した北条氏関連の所領である。これらの所領を前記の「御料奉行」に分割管理させているようである。

建武政府から勲功の賞として尊氏・直義に与えられた所領は、次の史料によって判明する。

足利氏新恩所領目録（「比《ひ》志《し》島文書《じまもんじょ》」）

足利殿（尊氏）

伊勢国柳御厨　泰家跡
駿河国泉庄　同
伊豆国宇久須郷　同
同国沼須郷　同
同国麻生郷　時顕
同二宮庄
近江国池田庄
奥州外浜　同
佐渡国六斗郷　同
肥後国健軍社
尾張国玉江庄　貞直跡
同国佐野庄　貞直
相模国糟谷庄　同
武蔵久良郡
三河国重原庄　貞直
常陸国田中庄　泰家
同国岸下御厨　泰家
同国糠部郡　同
筑前国　同
日向国富庄　同
遠江国池田庄　泰家
伊豆国仁科　同
同国田村郷　同
同国安立郡　泰家
小山辺庄　守時
同国北郡　大方禅尼
信乃国小泉庄
上田庄　同
豊前国門司関　同
同嶋津庄　守時

左馬頭殿（直義）

相模国絃間郷　貞直
武蔵国赤塚
同国宇狩郷　同
同国懐島　同
常陸国那珂東　維貞
同国下西郷
伊豆国奈古谷　□
遠江国谷和郷　同
伊予国久米良郷　同

近江国広瀬郷　貞直　　　備後国高野　　　播磨国垂水郷
備後国城山　　　　　　　佐渡国羽持郡　同　同国吉岡　同跡

尊氏は三〇ヵ所、直義は一五ヵ所、その内訳は北条泰家・大仏貞直《おさらぎさだなお》・大仏惟貞《これさだ》・甘縄時顕《あまなわときあき》・赤橋守時・大方禅尼など、全国にまたがる鎌倉幕府執権北条氏一門の没収所領である。なお、大方禅尼は、安達氏一族の大室泰宗の娘で、執権北条貞時に嫁ぎ、高時・泰家の母となっている。

尊氏・直義の両者ともにその所領を経営する家政機関を持っていたと考えられる。それぞれに膨大な家臣団がおり、足利氏の相伝の家人としての高氏《こう》も二つに分かれてそれぞれに属していたようである。師氏系の高氏は尊氏に使え、師直・師泰・師冬などを輩出して尊氏を支え、頼基系の高南氏は直義に仕え、それぞれの道を歩んだのであって、高氏自身も決して一枚岩ではなかったのである。後に述べるように、直義とともに『夢中問答集《むちゅうもんどう》』という禅問答集を編纂した大高重成は、後者の高南氏の系統に属する人物、この系統は名乗りに「師」がつかないのである。

以上三つの史料によって、足利氏の所領の概要は把握できたと思う。これらの所領は、御料所として直接支配する部分と、一族・家臣を地頭職《じとうしき》や請負代官に配置する部分とに分かれ、ともに足利氏の政治支配の経済的基礎ないし足利氏軍団の基盤となっていたのである。

尊氏・直義の人物像

諸記録にみる尊氏と直義

歴史上に活躍した人物の人間像・人柄などを考察するのは難しい。同時代の人びとの評価は、えてして利害関係・党派性や好悪の感情に左右されやすく、客観性に欠く恨みがあるからである。

『梅松論』とは

これから述べる『梅松論《ばいしょうろん》』(彰考館本、延宝《えんぽう》六年書写)は、承久《じょうきゅう》の乱から説き起こして室町幕府の成立、暦応《りゃくおう》元年(一三三八)ごろまで足利氏が南朝との戦いに相次いで勝利し、新田義貞《にったよしさだ》・北畠顕家《きたばたけあきいえ》ら軍事的指導者を討死にさせて、南朝勢力崩壊寸前に至るまでの政治史の流れを記述した軍記物語である。

『梅松論』のいわれは、北野社の社前(神宮寺毘沙門堂)に住む著者が、将軍の栄華が梅とともに開け御子孫の長久を松と徳をひとしくし、松風吹けば梅花薫ずることに准《なぞら》えて命名したという。これを信ずれば、作者は北野社の関係者の可能性がある。この作者については細川氏・少弐《しように》氏・赤松氏などの記述が詳しいことから、それらの関係者と考える説が提起されている。これらの説と北野社関係者説は、一族の者の入寺を考えれば、必ずしも矛盾しない。

北野社と足利尊氏《あしかがたかうじ》との関係については、播磨国《はりまのくに》松井荘（建武《けんむ》元年二月）、近江国栗太郡《おうみのくにくりた》大萱村（年不明）、丹波国《たんばのくに》船井荘（建武三年五月）、越前国足羽《えちぜんのくにあすは》郡得光保（郷）などの造営料所の寄進がみられ（以上、「古文書雑集」「北野神社文書」）、崇敬・保護している社である。

下って文和《ぶんな》四年（一三五五）二月に足利直冬《ただふゆ》・桃井直常ら旧直義《ただよし》派の占拠する京都の奪回を目指して、尊氏・義詮軍がその作戦行動を起こしたとき、足利軍に属する将士五三名が北野社の社前で一揆契約状を作成して盟約して出陣している（「越前嶋津家文書」、峰岸純夫『中世の一揆と宗教』）。尊氏との関係が深い北野社関係者が、『梅松論』の作者であるということは可能性が大であると思う。成立年代はこの時点とあまり遠くない時期と推定されている。本書成立の直後から、観応《かんのう》の擾乱《じようらん》という深刻な尊氏・直義の対立抗争に突入するわけであるが、この乱についての作者の見解を知りたいところである。

『梅松論』にみる尊氏・直義

この物語の中心軸に座るのは足利氏一門の展開過程である。内容は、建武政権の解体までと、それ以後の上・下巻に分かれるが、下巻の末尾に記載された夢窓疎石《むそうそせき》の尊氏・直義評価と尊氏自身の言説は注目に値する。

両者の共通の師であり、両者の支援を得て後醍醐《ごだいご》天皇の冥福を祈るために天龍寺を創建して住持となっている人物であるという点からも、密着しすぎた人物の好意的・賞賛的評価とのそしりは免れ得ない。しかし、疎石は人物・識見ともに優れた宗教家であり、あえて権力者に媚《こび》を売るような人物ではないので、ある程度の客観性は保たれていると思うし、尊氏の言説も、彼の行動の一致する点も認められるので、注目に値すると思うのである。

まず、「夢窓国師、尊氏の人徳を賛美の事」の章では、尊氏について次のように言う。

一、ある時、夢想国師談議の次《ついで》に、両将御徳を条々褒美申されけるに、（中略）我朝の田村《(坂上)》・利仁《(藤原)》・頼光《(源)》・保昌《(藤原)》、異賊を退治すといへども、威勢国に及ばず。治承より以来、右幕下源頼朝卿兼征夷大将軍の職、武家の政務を自専（独断で処理）にして、賞罰私なし（私情に左右されず公平）といへども、罰の苛《からき》（厳しく）故に仁の闕《か》くるかとみえ、今の征夷大将軍尊氏は、仁徳かね給へるうへに、なほ大なる徳在なり。

第一に御心強にして、合戦の間、身命を捨給ふべきに臨む御事、度々に及といへども、笑ひ含で怖意《ふい》の色なし。第二に、慈悲天性にして、人を悪み《にく》給事をしりたまはず、多く怨敵を寛宥ある事一子のごとし。第三は、御心広大にして物惜《おしみ》の気なく、金銀・土石をも平均に思合て、武具・御馬以下の物を人々に下給ひしに、財と人とを御覧じ合《あはさ》ず、御手に任て取給ひしなり。八月一日（頼むの祝い）などに、諸人の進物ども、数もしらずなりしかども、皆、人に下給しほどに、夕に何ありともおぼえずとぞ承し。実《まこと》に三の御徳、末代にありがたき将軍なりと、国師談義のたびごとにぞ仰ありける。

次に「尊氏・直義深く仏法に帰依《きえ》する事」「両将の善政ならびに夢窓敬信由来の事」では、次のように述べている。

一、聖徳太子は四十九院を作置《おき》、天下に斎日《さいにち》を禁戒し、聖武天皇の東大寺・国分寺を立《たて》、淡海公（藤原不比等《ふじわらのふひと》）の興福寺を建立し給ひしは、上古といひ、皆応化《おうげ》（仏菩薩の出現・救済）の所変なり。今の両将もたゞ人とは申すべきにあらず。殊に仏法に帰し、夢窓国師を開山として天龍寺を造立し、一切経書写の御願を発し、みづから図会し（仏像を描く）、自讃御判あり。又大飲酒の後も、一坐数刻の工夫（座禅専念）をなしたまひしなり。

一、三条殿（直義）は六十六ヶ国に寺を一宇づゝ建立し、各安国寺《あんこくじ》と号し、同塔婆一基（利生塔《りしょうとう》）を造立して所願を寄《よせ》られ、御身の振舞廉直にして、げに〳〵敷《しく》（誠実）、いつはれる御色なし。此故に御政道の事を将軍より御譲ありしに、固く御辞退再三におよぶといへども、上御所（尊氏）御懇望ありしほどに御領状（了承）あり。其後は、政務の事におひては、一塵も将軍より御口入《くにゅう》の儀なし。

ある時、御対面の次に、将軍、三条殿に仰られていはく、国をおさむる職に居給上は、いかにも〳〵御身を重くして、かりそめにも遊覧なく、徒《いたずら》に暇をついやすべからず。花・紅葉はくるしからず。見物などは折によるべし。御身を重くもたせ給へと申すは、我文道闕《か》くるに依て、世務（政務）を一向譲り奉れは国家の為めなり。さて我身は非器の上は軽々しく振舞、諸侍に近付、人々に思付れて、朝家を守護し奉らんと思故《おもうゆえ》也、全く自由の儀に非ずとぞ被仰《おおせられ》ける。この条凡慮の可及所《およぶべきところ》に非《あらざ》るなり（「御身を重くもたせ給え…」以下は、文意の通る天理本によって補った）。

まず、尊氏の人格について、源頼朝は政務を独断処理し、賞罰が公平であったが、罰が厳しく仁（慈しみ）に欠ける点があったのに比較して、①戦場では勇猛果敢で恐怖感を抱かない、②慈悲心を持ち、人を憎まず、怨敵に対しても寛大である、③心が広く、物欲がなく進物などを惜しみなく与えてしまう、の三点をあげている。

これに対して、直義は廉直で誠実、虚偽がないと記し、この直義に尊氏が政務を委任したときも再三固辞してやっと引き受けてもらった（謙虚）。尊氏は政務を直義に譲る理由として、自分はその器でなく、自分自身は軽々しく振る舞い、人びとに密着して諸侍と心を通じ、朝家のために尽くしたいためであり、一方、直義は国をおさむる職として重々しく振舞えと諭《さと》している。

ここから浮かび上がる尊氏像は、包容力があり清濁併せ呑むといった敵・味方に対して寛大な底抜けに明るい性格ということになる。先の述べたように、尊氏は躁鬱《そううつ》の気質であるが、鬱のときは人目を避けて閉じこもるゆえに、人びとはつねに明るく豪放磊落《ごうほうらいらく》な尊氏にのみ接していることになる。

これに対して、直義は几帳面で誠実、清濁併せ呑むという尊氏と対照的に理非曲直をきちんと正し、道理に基づいて行動するタイプであったので、それを見抜いた尊氏は政務につかせ、武家・公家合わせた政治の舞台に臨ませたのである。自分の「軽」に対して、直義には「重」を要請しているのは興味深い。佐藤進一『南北朝の動乱』は、尊氏が「重」を要請したのに対して、直義が答えて「軽」を主張したと解したのは誤解と思う。すべて尊氏の言説と思う。

この『梅松論』最後の一つ前の章「尊氏寛仁の政を行ひ、諸人心服の事」では、尊氏の言説として次のようなことが述べられている。

一、或時、両御所（尊氏・直義）御会合ありて、師直幷《ならびに》故《ふるき》評定衆あまためして、御沙汰の規式少々定められける時、将軍おほせられけるは、むかしをきくに、頼朝卿廿ヶ年の間、伊豆国におゐて辛労して、義兵の遠慮を廻《めぐ》らされし時分、平家悪行無道にして、万民の嘆いふばかりなかりしをさけん為に、治承四年に義兵を発し、元暦元年は朝敵を平らげし、その間の合戦五ヶ年也。彼政道を伝聞《つたへきく》に、賞罰分明にして先賢の好《よく》するところ也。しかりといへども、猶以《なおもつて》罰の苛《からき》方多かりき。是によて氏族の輩以下、疑心を残しけるほどに、指錯《させるあやまり》なしといへども、誅罰しげかりし事いと不便《ふびん》なり。当代は人の嘆きなくして、天下をさまらん事本意《ほい》たるあひだ、今度は怨敵おもよくなだめ本領を安堵せしめ、忠功をいたさん輩におゐては、ことさら莫大の賞を行なはるべきなり。此趣をもて、めん〳〵扶佐《ふさ》したてまつるべきよし、仰いだされし間、下御所（直義）殊に喜悦ありければ、師直幷に故評定衆、各かたじけなき将軍の御意を感じたてまつりて、涙をのごはぬともがらぞなかりし。

悪逆無道な平氏、それを誅罰した源頼朝は、賞罰は明らかだが、それほどの誤りでないのに、氏族（義経・範頼・義仲など）その他（安田義定《よしさだ》）が厳しく誅伐された。その対比で、当代の足利氏は、このような人の嘆きをなくして、怨敵をもなだめて本領安堵《あんど》、忠功の輩は手厚い恩賞を与えるという方針を示した。すなわち、「殺さない主義」宣言である。前非を悔い改めて来るものは許して本領を安堵するというものである。

しかし、南北朝内乱、そのなかの観応《かんのう》の擾乱《じょうらん》の過程で、多くの将士の離合集散が相次いだ。尊氏の反対派（直義派）の指導部として大活躍した子息直冬を始め、畠山国清・上杉憲顕・桃井直常らはその後に幕府・鎌倉府に復帰して活躍している。その他、合戦での討死は別として殺害されなかった反対派の武士は多い。復帰しさえすれば罪は許すという大方針は貫かれているように思う。この点からでも私は、尊氏による直義の殺害はなかったと思う。

『難太平記』にみる尊氏・直義

『難太平記《なんたいへいき》』は、足利一門の今川貞世《いまがわさだよ》（了俊《りょうしゅん》）が著した足利氏の家記とも言うべきもので、『太平記』の南朝寄りの姿勢を正す意図で「難」（批判する）の字を付している。別に『今川了俊書札礼《しょさつれい》』という礼式書を著し、和歌にも通じた武将で、九州探題《たんだい》として下り足利氏の九州支配の確立に貢献した。父範国よりの伝聞や自身の内乱期体験などを書き連ね、子孫への訓戒にしようとしたものである。

『難太平記』は、『太平記』については次のように記している。

六波羅《ろくはら》合戦（尊氏の六波羅攻め）の時、大将名越（高家）うたれしかば、今一方の大将足利殿（尊氏）先皇（後醍醐天皇）に降参せられけりと太平記に書きたり。かへすがへす無念の事也。此の記の作者は宮方深重の者にて、無案内にて押してかくの如く書きたるにや。寔《まこと》に尾籠《びろう》のいたりなり。尤《もっとも》切出さるべきをや。すべて此太平記誤りも空ごともおほきにや。昔等持寺にて法勝寺の恵珍（慧鎮）上人、此記を先三十余巻持参し給ひて錦小路殿（直義）の御目にかけられしを、玄恵法印に読ませられしに、おほく悪ことも誤も有りしかば、仰せに云く、是は且見及ぶ中にも以の外ちがひめおほし。追て書入、また切出すべき事等有。其程外聞あるべからざるの由仰《おおせ》有し。後に中絶也。近代重て書続けり。

名越泰家とともに京都に下った尊氏は、一方では後醍醐天皇の綸旨《りんじ》を事前に得て反旗を翻《ひるがえ》すときをうかがい、久我畷《こがなわて》の合戦で泰家が討死すると公然と寝返って、丹波国篠村明神《たんばのくにしのむらみょうじん》で決起して六波羅《ろくはら》攻めを敢行する。この経過を追いながら『太平記』巻九は、

人心の好悪は常ならずとは言ひながら、足利殿は、代々相州（北条氏）の恩を戴き、

徳を荷つて一家の繁盛おそらくは天下の人肩を並ぶべくも無かりけり。その上、赤橋前相模守（守時）の縁に成つて、公達《きんだち》あまた出で来たまひぬれば、この人よもふたごころおはせじと、相模入道（高時）ひたすらたのまれけるもことわりなり。

と記して、恩をあだで返した裏切り行為に対して道徳批判を加えている。この『太平記』（後醍醐天皇一代記の部分）が、三条坊門の等持寺（後に等持院に合併）において法勝寺慧鎮がこの書物を持参して直義や玄恵にみせたときに、直義はこの書が足利氏に関して記述に悪意を感じるもので、かつ誤りが多いので書き加えやカットが必要だとし、このことは世間に知らせるなと述べた。その後、この作業は中断して続きの部分が作成されていると記している。直義に指示による『太平記』の検閲と修正が施されたという。今日流で言えば、権力による歴史叙述の検定・修正であるが、どの部分がどの程度修正されたのかは明らかではない。『難太平記』は、『太平記』のこのような叙述を批判して足利氏一門の立場で叙述されているのである。

後醍醐天皇の倒幕計画に味方して鎌倉幕府（得宗《とくそう》専制権力）を打倒し、ついで建武政府と袂《たもと》を分かち南北朝内乱を引き起こして武家政権（室町幕府）の樹立につき進む、それを正当化する論理として源義家・足利家時の置文《おきぶみ》が引きあいにだされてくる。『難太平記』

は次のように記している。

されば又義家の御置文に云、我七代の孫に吾生替りて天下を取べしと仰せられしは家時の御代に当たり、猶も時来たらざる事をしろしめしければにや、八幡大菩薩に祈申給ひて、我命をつゞめて、三代の中《うち》にて天下をとらしめ給へとて御腹を切給ひし也。其時の御自筆の御置文に子細はみえし也。まさしく御両所（尊氏・直義）の御前にて故殿（頼氏）も我等なども拝見申したりし也。今天下を取事唯此発願也けりと両御所も仰有し也。

先祖源義家が、七代の子孫が天下を取ると遺言し、それが足利氏の伝承となって七代孫に当たる家時が、時節がいまだ到来しないことを認めて自分の命を縮めて三代の内に天下を取る事を八幡大菩薩に祈り、その趣旨を置文に遺して自殺したという。この置文を貞氏と尊氏・直義の父子と一門の今川貞世らがみたというのである。

この家時置文を尊氏・直義がみた時点が問題になるが、次の直義書状がそれと関係を持っている。

故報国寺殿（家時）御終焉の時、心仏（高師氏）に遣はさるの御書拝見のところ、感激肝に銘ずるところなり。よつて之を召置きをはんぬ。案文を遣はすの状くだんの如し。

四月五日　（花押）《直義》
高土佐守殿（師秋）

（「醍醐寺三宝院文書」）

家時が没したときに、執事の高師氏に託した文書（置文）を直義が拝見して感激し、この文書を確保して写しを作成して師秋に渡したという。この文書は当時執事だった師氏から師行・師秋と嫡流家師氏に継承されていたのを直義がみたことになる。この文書は直義花押《かおう》の形から判断して（『花押かがみ』南北朝時代二）、康永《こうえい》二年（一三四三）～貞和《じょうわ》三年（一三四七）の時期である。『難太平記』によれば、一同がこれを拝見したのは「故殿」（足利貞氏）が没した元弘《げんこう》元年（一三三一）九月九日以前で（『尊卑分脈《そんぴぶんみゃく》』）、この文書の記述とは合致せず、今川貞世の誤認か、あるいは尊氏・直義の蜂起以前にこの置文をみて、祖父の家時の希望実現のための蜂起と位置づける作為があったとも考えられる。実際に置文をみたのは室町幕府成立以後のことである。しかし、祖父の願望を実現したということが確認できて、兄弟の感動がひとしおであった点は理解できるのである。

成立した室町幕府において、尊氏・直義の関係について『難太平記』は次のように記している。

大御所（尊氏）・錦小路殿［大休寺殿］（直義）の御中違《おなかたがい》の時も、一天下の人の思ひし事は、当家の御中世をめされん事まで、あながちに御兄弟の間をばいづれと、申すべからざるとて、両御所に思ひ思ひに付申き。其時も諸人の存様《ありよう》は、大休寺殿は、政道私わたらせ給はねば捨がたし。大御所は弓矢の将軍にて更に私曲にわたらせ給はず。是また捨申がたきと也。中御所（直冬）と宝篋院殿《ほうきょういんどの》（義詮）をば、大御所さすがに御父子の事にて捨申させ給ひがたく、大休寺殿も又おなじ御兄弟ながらもあはれなる御志どもにて、中先代《なかせんだい》（の乱）の時箱根山よりして天下をも御当家をもゆづり申給ひし事を、大御所はおぼしめし忘給はで、只いかにして大休寺殿より宝篋院殿へうつくしく天下をゆづり与申させ給へかしとの御方便ゆへに、摂州井出の合戦の時も、師直・師泰うたれしをも大御所はとがめ申させ給はざりき。又由井山の合戦（薩埵山《さったやま》合戦）の後、上杉民部大夫（憲顕）伊豆山より引分けて落行しにも大御所とがめ申させ給はで、又御合体いとゞ定まりたりき。

尊氏・直義の「中違」（抗争）のとき、多くの人々はいずれが正しいとも言わず、思い思いに両者に付き従った。諸人の判断は、直義は政道に私曲なく、尊氏は軍事に秀でている上に私曲なしと、ともに高く評価されていた。直冬・義詮に対する父子関係、直義に対する兄弟関係も立派なものである。箱根山で北条時行を討つ際に、尊氏は天下も足利家も直義に譲ると思った事を忘れず、ただ直義から義詮へ美しく政権を委譲される事を念じて、摂津で直義派の上杉能憲が高師直《こうのもろなお》らを討ったのを咎めだてしなかった。また、由井の合戦（薩埵山合戦）でも敗走する上杉憲顕を見逃し、後の合体を予定していた。

ここではすべてを許すという、尊氏の寛大な人格が認識されており、「弓矢の将軍」（軍事統率者）としての優れた資質が評価されている。その一方で、直義の「政道」にたずさわる優れた資質があげられている。また、直義から義詮への「政道」の平和的譲渡を見込んで、師直ら高師直一族の殺戮を不問に付したとしている。

今川了俊の尊氏・直義観は、身内びいきの感がないでもないが、この評価はかなり的を射ている面もあると思う。ことに尊氏・直義における軍事・政道の分担関係の評価は的確であると思う。

『太平記』にみる尊氏・直義

『太平記』の構想は、護良《もりよし》親王以下非業な最期を遂げた人びとの怨霊が足利方の人びとに取り付いて、対立関係を起さして高師直や足利直義が滅亡するという因果応報《いんがおうほう》を説く一面を持つものであったから、直義の死は格好の材料となり、次のように記している（『太平記』巻三十）。

かかりし後は、（薩埵山合戦で敗れ、降人となって鎌倉に赴く）高倉殿に付き従ひたてまつる侍の一人も無し。籠《ろう》のごとくなる屋形の荒れて久しきに、警護の武士にすゑられ、事に触れたる悲しみ耳に満ちて心を傷《いた》ましめければ、今は憂き世の中にながらへても、よしや命も何かはせんと思ふべき。わが身さへ用無き物に歎きたまひけるが、いく程無くその年の観応三年壬辰二月二十六日に、忽《たちま》ち死去したまひけり。にはかに黄疸《おうだん》といふ病に犯され、はかなく成らせられたまひけりと、外には披露ありけれども、まことには鴆毒《ちんどく》のゆゑに、逝去したまひけるとぞささやきける。去々年の秋は師直、上杉を亡ぼし、去年の春は禅門、師直を誅せられ、今年の春は禅門また怨敵《をんてき》のために毒を呑みて失たまひけるこそ哀しけれ。「三過門間《さんかもん》の老病死、一弾指頃去来今《いちだんしきようきよらいこん》」とも、かやうの事をや申すべき。因果歴然の理《ことわり》は、今に始めざる事なれども、三年の中に日を替へず、報ひけるこそ不思議なれ。

さても此禅門は、随分政道をも心にかけ、仁義をも存じたまひしが、かやうに自滅したまふ事、いかなる罪の報ひぞと案ずれば、この禅門の申さるるによつて、将軍鎌倉にて偽《いつは》りて一紙の告文《かうもん》を残されし故にその御罰にて、御兄弟の仲も悪しく成たまひて、つひに失せたまふか。また、大塔宮《おほたふのみや》を殺したてまつり、将軍の宮（成良親王）を毒害したまふ事、この人の御わざなれば、その御憤り深くして、かくのごとく亡びたまふか。「災患本種《もとたね》無し、悪事を以つて種とす」といへり。まことなるかな、武勇の家に生れ、弓箭《きゆうせん》を専らにすとも、慈悲を先とし業報を恐るべし。わが威勢のある時は、冥《みよう》の照覧をも憚らず、人の辛苦をも痛まず、思ふ様に振舞ひぬれば、楽しみ尽きて悲しみ来たり、われと身を責むる事、哀れに愚かなる事どもなり。

観応三年（一三五二）正月、薩埵山合戦で敗北し、鎌倉に連行され囚われ人となった高倉殿（直義）は、落魄《らくはく》した身の不運を嘆いているうちに、にわかに黄疸《おうだん》（急性肝炎か）となって死亡したという。外に対してはそのように報道しているが、実は、と言って直義派と師直派の殺戮の連鎖の末に、「怨敵」（尊氏か師直派か）による鴆毒《ちんどく》による殺害との噂が立ったとまことしやかに記し、『太平記』得意の因果応報説を展開する。すなわち、禅門（直義）は、政道に心がけ仁義を重んずる人物と一応評価しつつも、その自滅の原因の二点を罪の報いとしてあげている。

①　延元元年（一三三六）十一月、直義の策謀によって、尊氏は後醍醐天皇に告文（起《き》請文《しょうもん》）を捧げて天皇の京都還幸を要請・実現したが、その偽りの罪によって兄弟仲

も悪くなり死去することになった。

② 大塔宮護良親王を殺害、将軍の宮成良親王を毒害したという。

しかし、①については、直義の関与は明白でない。鎌倉で、というのも正確でなく、このとき尊氏は京都にいた。あるいは、鎌倉で新田義貞ら追討軍を迎え撃つとき、鬱病で出陣しない尊氏を直義が天皇の誅罰綸旨を偽造して尊氏の覚悟を決めさせて出陣させた記述との混乱があるようである。ともかく罪の報いで毒害されたということでストーリーを完結させているのである。これは、『諸家系図纂』に尊氏の殺害を記し、『系図纂要』には「中毒薨」と記される以外、他の史料にはまったくない記述であり、『太平記』がつくりだしたフィクションと言ってよいだろう。その構想からくるところの帰結なので、突然死や師直殺害との月日の一致などを説明するのに都合がよい。研究者の多くは、この記述を信用し、田中義成『南北朝時代史』は、「太平記によれば、尊氏、之(直義)を誅するに忍びず、窃《ひそ》かに毒を進めしなりと云へり」と記し、尊氏・直義について高い人物評価を与えている高柳光寿『足利尊氏』は、「二月二十六日は師直没と同日の一周忌、尊氏か師直一類が殺した可能性があり、殺害後の処分も不明、『諸家系図纂』は「尊氏殺害」と記す。『臥雲日件録《がうんにつけんろく》』は、「直義の死後、神霊の出現があり、これを大倉明神として円福寺(直義の没した寺）に祀る、というのはこのような事情によるか」と、殺害説に傾いている。これらを受けた形で、佐藤進一『南北朝の動乱』は自己の判断を示さず、「多くの学者はこのうわさは真実だろうと見ている」と記している。それ以後の通史叙述において、佐藤和彦『南北朝の内乱』は、「幽閉された直義は、鴆毒によって殺された」と記し、伊藤喜良『南北朝の動乱』は、「太平記によれば、鴆毒を盛られた」、村井章介『南北朝の動乱』（『日本の時代史』一〇）は、「正月尊氏は鎌倉に入って、二月には直義を毒殺した」とする。これに対して、新田一郎『太平記の時代』は「毒殺との噂が流れたようだが、尊氏の関与の有無は明らかでない」として懐疑的である。私が編集に参加した『日本史年表』（岩波書店）には、「尊氏、直義（四七）を毒殺」と断定している。おおむね、毒殺を前提にして、尊氏の関与の有無に意見が分かれている。しかし、私は尊氏の関与はもとより、毒殺そのものが『太平記』の捏造《ねつぞう》と考えている。

尊氏の宗教心や尊氏と直義の兄弟愛を考える上で、建武三年（一三三六）の清水寺《きよみずでら》への願文《がんもん》が注目される。

この世は、夢のごとくに候、尊氏にたう心（道心）たばせ給候て、後生たすけさせをはしまし候べく候、猶々とくとんせい（遁世）したく候、たう心（道心）たばせ給候べく候、今生のくわほう（果報）にかへて、後生たすけさせ給候べく候、今生のくわほう（果報）をば、直義にたばせ給候て、直義あんをん（安穏）にまもらせ給候べく候、

建武三年八月十七日　　尊氏（花押）

清水寺

この時点は、兵庫で新田義貞・楠木正成を撃破して京都の後醍醐天皇を追い、光明天皇を擁立した翌日のものである。本来ならばこの晴れがましい時点で、尊氏は鬱状態に陥り、道心（仏道への帰依）と隠遁《いんとん》を希求し、今生の果報に変えて後生の安穏を求め、今生の果報は直義に譲り、直義の安穏をも祈願するという内容になっている。一つ違いの弟直義の政治能力への信頼がつよく、直義へ後事を託して引退したいという心情がにじみ出ている。その後、高師直と上杉氏、師直と直義、直冬と尊氏、直義と義詮などの観応の擾乱の錯綜する対立関係のなかで、尊氏・直義の大規模な直接対決、薩埵山合戦が行われるが、兄弟の憎悪をむき出しにしたものではなかった。その敗北後、尊氏の庇護のもと、直義は年来の宿願である政界引退を果たして心静かに鎌倉の一寺で仏道に入ったのである。しかし、長年の戦陣での無理が祟って身体がぼろぼろになっており、急性肝炎を発症して皮膚が黄

色になる黄疸症状を呈し急逝したのである。その突然の死に疑惑が生じ、これを利用して『太平記』の物語が構築されたと考える。直義の毒殺説ないし尊氏加害説は是正されなければいけないと思う。

『夢中問答集』にみる直義

尊氏・直義が人生の師と仰ぐ夢窓疎石《むそうそせき》との関係について、尊氏が絶対的に信頼を置き、「すがりつくような夢窓への感性的関わり方」に対して、夢窓と直義の関係はきわめて「知的かつ理性的」であると評されている。

また、直義は、師の教説を鵜呑みにするのではなく、その疑問や矛盾をつき、あるいは批判をもこめているという（西村恵信『夢中問答集《むちゅうもんどうしゅう》』）。『夢中問答集』は、直義と夢窓の禅修行に関する九三項目の問答集で、在家《ざいけ》の女性や仏道に志すものの指針となるようにという直義の意を受けて大高重成が編集したものである。重成は高氏の一族高南系の人物で、大高次郎（伊予守《いよのかみ》、法名法智）を称し（清源寺本「高氏系図」）、高師直派には属さず直義の側近として活動していた。観応二年（一三五一）三月に南朝との和議を結ぼうとしたとき、使者の楠木代官が直義邸を訪れた際に、直義に代わって応対したのが大高重成であった（「観応二年日次記」）。成立年代は、南禅寺梵僊《ぼんせん》による康永元年（一三四二）の跋文《ばつぶん》、康永三年の再跋文が記されていることから、この年代に成立したことは明らかであり、木版印刻の上でも重要な書籍である。

ここでは、川瀬一馬校注・訳『夢中問答集』を参考にして、私自身の意訳による四つの事例を示してみる。

「十三段　真の慈悲」

直義　禅門の宗師の語るところでは、まず自身が悟りを開いた後、余力があれば他人のために尽くせというが、それは、自身より他の人びとが救われることが菩薩の願いである、という仏教の教えと矛盾しないのか。

夢窓　慈悲には、①衆生縁の慈悲、②法縁の慈悲、③無縁の慈悲の三種がある。①は、現実に生死の境で悩み苦しむものを解放させたいと願う心で、小乗仏教の菩薩の持つ慈悲である。これは、どこかに何か実態的なものがあるかのように考え、それを求めて利益を得ようとするような目的意識があり、何かに執着する慈悲であるので真の慈悲とするわけにはいかない。②は、種々の縁によって生ずるこの世界の存在は感情を持つ動物も持たない木石もすべて実有《じつう》のものでなく幻のように存在している衆生を救おうというもので、大乗仏教の菩薩の慈悲であるが、真の慈悲とは言えない。③は、仏道修行の結果悟りを得て身に備わった性徳で、わざわざ他を救おうとしなくても済度してしまうので真実の慈悲となるものである。この立場からみると①・②の小慈悲に関わる人びとは、彼等の慈悲にさえぎられて逆に大慈悲の妨げになる。

「二十三段　仏界と魔界」

直義　酒に酔ったときは、酔っていることが判らないように、魔境に入った人は魔境をどうすることもできない。そうだとすると魔境を退治することは意味をなさない。修行を始めた人が、何とか魔境に入らぬ方法はないのか。

夢窓　魔境に入るのを恐れて、そこに堕ちない方法を求めるのも魔境で、気にすれば魔境に堕ちる。無心であれば魔は降伏《ごうぶく》する。執着すれば魔界となり、忘却すれば仏界となる。

「九二　本書公刊の趣旨」

直義　日ごろお目にかかったついでに問答したことを何となく仮名で記録しておいた。これを清書して在家の女性などの道に志すものにみせたいと思うが、差し支えはないか。

夢窓　禅僧の法門は教家（禅宗以外の仏教諸派）のように、習い伝えた教えを胸のなかに蓄え、紙上に書き付けて、これを述べひろげて人に授けるものでない。機会に応じて直接指示するものだ。これは覿面《てきめん》提示（面と向って示す）と名づけ、撃石火・閃電光にたとえている。（中略）しかし、まったく記すものがなければ導く道が絶えてしまう。やむなく古人の語録が流布されているが、これは禅宗の本意ではない。（中略）夢中の問答を記して置かれたことが役に立つとは思われない。けれども褒貶《ほうへん》（ほめる、けなす）の語によって、順・逆の縁を結ぶことであれば、どうして嫌だと言えましょうか。

「九三　直義に示す公案」（公案とは公府案牘《あんとく》の略で、参禅修行の指針となるべき真実の語）

直義　和尚、あなたが真実に人（私）に示す教えは何でしょう。

夢窓　新羅夜半に、日頭明らかなり（遠い新羅国の夜半に、日の出は明らかである）。

これらはいわゆる禅問答で一般の人には判りにくいものであるが、禅修行の根本問題の多くが語られている。禅道に通じた直義が、禅の核心にふれる諸問題を発問して巧みに夢窓の回答を引き出している。それゆえ、この問答集が禅道修行の導きの書として世に知られたのである。ここに武将・政治家の枠を超えた直義の、並々ならぬ学殖の豊かさを感ずることができる。

尊氏・直義の書状

「上杉家文書」に次の四点の文書断簡（A～D）がある。

A　山主のぼられ候ほどに、かまくら《(鎌倉)》の事こまかにき丶て、三条殿（直義）へ申して候ほどに、よ《(夜)》を日につぎてさたし候て、さだめくだすべきよし、御返事候、めでたく候。山主のゆへにいそがれ候へばよくぞくだられて候けると、めでたくよろこび入りて候。又いほう《(伊北荘)》の事もさうゐなくさた候ハんずるよし、三条殿へ御へんじ《(返事)》候へバ、めでたくおぼえて候。又山主してまいらせ候し文の返事も、

B　はからひ申され候へと民部大輔ニおほせ候べく候、たとひこれより申候ハずとも、さた候てよく候ぬべく候ハん事をバ、たゞはからひさたあるべく候。それへ下され候し事も、たゞそのためにてこそ候しか。かまへてあまりにしんしやく《(斟酌)》あるまじく候。それへ下されし候し事も、たゞそのためにてこそ候しか。かまへてあまりにしんしやくあるまじく候よし、御つたえ候へ。やがてこの文を見せさせ給候へく候。あなかしく。

六月廿日

（切封墨引）

C　若御前（千寿王）鎌倉へ御出候らん、目出たく候。民部大輔（上杉憲顕）もとへの事書ニ、近国とばかり候て、国々の名候ハざりし、ふしん候らん。まことニことはりにて候。伊豆・さがミ《(相模)》・かづさ《(上総)》・下うさ《(総)》・上野・下野・安房・ひたち《(常陸)》などにてこそ候ハんずらめ。委細の事書をバ、追て

D　下候ハ□《（ん）》ずるにて候。先この国々の□《（事カ）》をさたあるべく候。いま一日もとく申したく候て、この程ハ八幡（鶴岡）の事に伊豆守（上杉重能）・武蔵守（高師直）なども候ハで、か様のさたも候ハねども、人のなげきにて候。この文にてさた候ハん事、後の難あるまじく候よし、民部大輔に御つたへ候べく候。あなかしく。

七月十一日

この四通は、A・Cが本紙、B・Dが礼紙《らいし》（本紙の裏に重ねた紙。本紙に書ききれないときには礼紙にも書く）で、この組み合わせについては、『上杉家文書』（『大日本古文書』）は、A・DとB・Cを組み合わせ、ともに直義書状としているのを、『新潟県史』資料編は本紙と礼紙の組み合わせによってこの誤りを正し、これを受けて青木文彦氏は、A・Bを足利尊氏書状、C・Dを足利直義書状とし、ともに鎌倉府の足利義詮宛とした。これに対して、伊藤喜良氏は、宛所を鎌倉府執事高重茂に当てている。以上の先行研究を踏まえて、この二通の文書（A・BとC・D）を解釈してみよう。

A・Bは、「山主」の上京が発端となる。山は寺、主はその管轄者ということで住職（僧）を意味する。この僧の名は明らかでないが、建武四年（一三三七）十二月十三日～翌年正月二日にわたる北畠顕家軍の鎌倉占領の状況を足利直義に詳細に説明した僧は、おそらく鶴岡社務職頼仲の意を受けた寺僧であろう。直義からは上総国伊北荘と鶴岡社問題（荒廃した社の復興か）について至急に「計沙汰《はからいさた》」（処置）するよう指示した旨の返事が伝えられた。この文書は尊氏書状と推定され宛先は鎌倉府執事上杉憲顕であろう。

C・Dは、冒頭に「若御前」（義詮）の鎌倉帰還が記されている。北畠顕家に追われて三浦半島に逃れていた義詮の帰還は建武五年七月十一日であるから（「鶴岡社務記録」）、この文書の日付は、そのことが予想される七月十一日であろう。民部大夫（上杉憲顕）に前に下した事書に「近国」とばかり記し、それについての質問が到来し、もっともなことであるので、鎌倉府の所管は伊豆《いず》・相模《さがみ》・上総《かずさ》・下総《しもうさ》・上野《こうずけ》・下野《しもつけ》・安房《あわ》・常陸《ひたち》の八ヵ国とし、急いで伝達する。八幡（これは石清水《いわしみず》ではなく鶴岡）の復興の事は、腹心の上杉重能や高師直が不在なので沙汰しかねる点もあるが、人びとの嘆くところであるので、この文書によって実施しても後難はないであろう。この書状は、直義が鎌倉府執事に当てたもので、上杉憲顕が不在のために伊藤氏の指摘のように高重茂にあて憲顕への伝達を指示したものであろう。

以上のように理解すると、建武五年（一三三八）段階で、義詮・憲顕の指導の元にこれから体制を整える鎌倉府に対する尊氏・直義の重要な通達で、鎌倉府の所管する八ヵ国の確定と上総国伊北荘問題、それに足利氏の祖神とも言うべき鶴岡八幡宮の復興問題などがテーマに上げられている。なお、尊氏は同年六月九日に鶴岡社に対して遠江国《とおとうみのくに》宮口郷を寄進している（「鶴岡社務記録」）。

武家政権創設に向けてひた走る足利尊氏・直義兄弟が、その存立の基盤としての東国政権（鎌倉府）に熱いまなざしを向けて、密接に連携して政策を遂行している状況が、この文書から読み取ることができる。

尊氏・直義・義詮の人物像——神護寺三像にみる

神護寺三像論争

守屋家旧蔵「伝足利尊氏騎馬武者像」をめぐる問題で、藤本正行氏が像主は高師直《こうのもろなお》ではないかと問題を投げかけた昭和四十九年（一九七四）以来、人物画像をめぐる人物比定の見直し論争が歴史研究者・美術史研究者を巻き込んで活発化してきた。伝足利尊氏像については先にふれたが、昭和六十三年（一九八八）に藤本氏が高野山《こうやさん》成真院蔵「武田信玄像」は能登の畠山氏のものではないかと主張した。平成七年（一九九五）、米倉迪夫氏が神護寺《じんごじ》三像と称される源頼朝・平重盛・藤原光能像を足利直義《あしかがただよし》・足利尊氏《たかうじ》・足利義詮《よしあきら》に比定し直して大きな衝撃を与えた。今まで歴史教科書や一般書で源頼朝・足利尊氏・武田信玄とされ親しまれてきて、その人物イメージを形成していた多くの人びとにとって、その人物が足利直義・高師直・畠山氏となってしまうことは大きな衝撃であった。それとともに、従来所蔵者の伝承をそのまま尊重してきて、十分な学術的検討がなされなかったことへの反省の念が高まってきた。

神護寺三像とは、京都高雄《たかお》の神護寺所蔵の肖像画の三幅である。三者とも大きさはほぼ縦一四〇チセン、横一一一チセンの大型の肖像画である。それぞれが地文のある黒の縫腋《ほうえき》の袍《ほう》を着て畳の上に座り、束帯《そくたい》姿で冠をかぶり笏《しゃく》を持ち、太刀を佩《は》いた武人像である。これらは、一二世紀末に著名な絵師藤原隆信の作とされ、像主はA源頼朝、B平重盛、C藤原光能とされていた。その一つAは教科書などに必ず登場する威厳ある源頼朝像で、多くの人はこの肖像と頼朝の言動を一致させてその人物を理解してきた。これらの絵が、それぞれの人物に比定される根拠は、『神護寺略記』のなかの神護寺仙洞院に関する次の記述である。

一、仙洞院　安置し奉る　後白（河）院法皇御影一鋪、

また内大臣平重盛卿、右大将源頼朝卿、参議右兵衛督光能卿、

左衛門佐業房朝臣影等これ在り、

右京権大夫隆信朝臣一筆これを図し奉るもの也、

この記録のなかの後白河法皇像（神護寺に現存）と平業房像を除外して、残る三幅につ

いて、大英博物館蔵のAの模写の裏書《うらがき》に源頼朝像とあるところからAを頼朝に当て、他の二つを平重盛と藤原光能に当て、当代一流の絵師藤原隆信（元久二年〈一二〇五〉没）筆としたのである。

米倉迪夫説の衝撃

ところが平成七年（一九九五）に米倉迪夫『源頼朝—沈黙の肖像画』（平凡社）が発表され、その通説に根本的な疑問が発せられた。A足利直義、B足利尊氏、C足利義詮の肖像であるとする新説が提起され、歴史学会・美術史学会に衝撃が走った。

米倉氏が依拠したのは、宮内庁に保管されている「神護寺文書」の足利直義願文である。それ高尾山神護寺は、八幡大菩薩の御願より起こり、既に和気清麻呂《わけのきよまろ》この開基に成りてより爾降《このかた》、弘仁の往昔《おうじやく》、弘法大師始めて密宗を開き、文治の曩時《のうじ》、文学《もんがく》（文覚）上人廃跡を再興す。神明感応の霊地、仏法久住の仁祠と謂《い》うべし。就中《なかんずく》、当家特に因《よすが》あり。累代専ら帰敬し奉る。是を以て阿含経の内の一軸を施入し常住の持経と為す。この経典は権者の真蹟の由、或る人口伝の故なり。しかのみならず征夷将軍（足利尊氏）ならびに予（直義）の影像を図《えが》き、以って之を安置す。良縁をこの場に結び、信心を末葉に知らしめんが為なり。伏して冀《こいねがわ》くは伽藍不動にして遥か龍《りゅう》華《げ》の三会《さんね》に及び、法水無窮にして普く蜻洲《あきつしま》の諸州を潤し、現当の所願悉皆円成《しつかいえんじょう》ならんことを。于《とき》時《に》康永乙酉孟夏（四月）二十三日之を記す。

従三位佐兵衛督兼相模守源朝臣直義（足利）〇

（花押）

時に元亀二年三月四日自筆を以ってこれを写しおわんぬ。

この文書は写しで、直義の名が記載されている下に、丸印があり線を斜め上に引いて直義の花押が書かれている。そしてその最後の奥書《おくがき》に元亀《げんき》二年（一五七一）三月四日に「自筆」を以って書写したと記されている。戦国期に直義の願文を直筆で書写して神護寺に納めた人物は誰であろうか。また、その間にどのような事情があったかは不明である。

この文書には、古代以来の神護寺の由緒が述べられ、とくに足利氏歴代が神護寺を崇敬し（足利義兼の金銅小塔の寄進など）、その縁で直義は「権者」（権力者）の筆跡の阿含経《あごんきょう》を書写した軸物を奉納している。これは、「神護寺霊宝目録」によれば称徳天皇筆とされている。さらに、尊氏・直義の影像を描いて奉納していると記されている。米倉氏にあっては、神護寺（仙洞院）五像と神護寺三像は別のコンセプトと考えられている。

米倉氏は、前記の直義願文を核心の証拠とした上で、Ａの各パーツの検討を行い、その制作年代を一四世紀に引き下げて直義と推定し、Bを等持院・安国寺《あんこくじ》・浄土寺などの尊氏像の「垂れ目」の特徴から尊氏と推定し、Cは等持院の義詮像との顔の相の近似や若年の風貌から義詮に推定し、足利兄弟・父子のセット関係にしている。

これに対して、従前の説を主張する宮島新一氏は、神護寺三像の制作年代を一世紀以上引き下げることに異議を唱え、Aは孤立した作品でこの時期の類例はないので、米倉氏が一四世紀の類例から年代の引き下げを行うことに異論を呈し、後高倉院と妃の北白川院の共同事業による嘉禄《かろく》二年（一二二六）の神護寺復興の際に、神護寺五像が作成・奉納され、そのうちの三像が今日に伝えられたのではないかと主張した。また、大英博物館蔵の頼朝像の銘文も否定できないと主張した。近藤好和氏は、藤原定家『次将装束抄』によりながらAを分析し、有職故実《ゆうそくこじつ》的観点から宮島氏を支持している。

一方、黒田日出男氏は、従来の説が依拠する神護寺本を模写したとされる大英博物館本源頼朝像が、その画賛の文章「征夷大将軍源頼朝、養和辛丑初翻白旗於嶋、遂撃沈□（専）横平族壇浦（下略）」にある「平族」の語は『本朝通鑑《ほんちょうつがん》』（寛文《かんぶん》十年〈一六七〇〉成立）に初見であるので、この画像は江戸時代中期以降の作品で、この画像が神護寺三像の伝頼朝像がより頼朝である証拠にはなり得ないとしている。

藤本正行氏は、A像の中心下部にS字状に垂れ下がっている平緒《ひらお》（太刀の紐）に桐と鳳凰の文様が描かれている事を確認し、この桐と同様な文様がA像の俵《たわらびょう》鋲や目抜《めぬき》に下絵の段階で描かれていた。しかし最終的に毛抜き太刀に転化する段階で表面から消え去ったが、裏面裏側からそれが確認される（『国宝伝頼朝像―国宝伝頼朝像修理報告』）ことをあげて、桐紋が尊氏以来足利氏の家紋とされていたゆえ米倉説が支持できるとしている。

論争の焦点は、神護寺三像を神護寺（仙洞院）五像の部分と考えるか、それとも別のコンセプトと考えるかが岐路であり、また足利直義願文をどう処理するかにかかっている。この論争を私なりに考えると、旧説は維持することが困難で米倉説が妥当と考える。しかし、米倉説に立つにせよ、残された問題としてなぜ足利氏の肖像が他のものにすり替わってしまったのか、その点で神護寺の歴史の解明がさらに必要と考える。

神護寺の歴史

古代の山岳霊場高雄山寺が和気氏の氏寺《うじでら》河内の神願寺と合体して神護寺となり、平安期に入って最澄《さいちょう》・空海《くうかい》の活動の場となった。久安《きゅうあん》五年（一一四九）に火災による焼失後、仁安《にんあん》三年（一一六八）後白河法皇や源頼朝の助成によって文覚が再興し、後白河法皇の臨幸に際の御座所（仙洞院）が建立され、神護寺（仙洞院）五像が奉納された。その後、室町幕府を創設した尊氏・直義（後に義詮）肖像が奉納された。南北朝内乱期に一時、南朝方の拠点となり戦乱に巻き込まれて荒廃して、仁和寺末となった。江戸幕府が創設されると徳川家康の助成によって晋海・龍厳両上人が再興を果たした。この江戸時代に、紛失した仙洞院五像にすり替わって神護寺三像が代役を務めるようになったと考えられる。この間には、徳川の祖新田氏が称揚され、足利氏が疎んぜられる風潮がとりわけ神護寺内に生じていたと思われる。また、幕末には尊皇攘夷派の活動で、文久《ぶんきゅう》三年（一八六三）に足利氏木像梟首《きょうしゅ》事件が発生している。平田篤胤《ひらたあつたね》門下などの尊攘過激派が等持院の尊氏・義詮・義満三代の木造の首を取り、三条河原に梟《さら》すという事件が発生し世間に衝撃を与えた。この衝撃が足利氏と関係深い神護寺への影響などもあったと考えられる。神護寺の五像の中に三像をまぎれこませる作為と関係するのかもしれない。今後の検討課題としたい。

また、足利直義願文がなぜ写しであるのか、原本はどうなったのか、写本の末尾一行の「時に元亀二年三月四日自筆を以ってこれを写しおわんぬ」という記述をどう考えるか、それを書写した人物は誰なのか、ということである。当時、原文書はかなり痛みが激しく、それを書写して奉納したと考えるのが自然である。写本が「自筆」によって書かれた元亀二年三月上旬の時点には、将軍足利義昭が織田信長に擁されて将軍職に就任し、その後も元亀四年に信長に追放されるまでその地位を辛うじて維持していたのである。

この時点で、神護寺に赴いて直義願文を見てその破損している状況を憂えて自筆でもって書写した人物は誰であるか、これも筆蹟考証を含めて今後の課題としたい。

神護寺三像にみる尊氏と直義

神護寺三像をA直義、B尊氏、C義詮と理解した上で、この肖像から三人の人物像を推定してみることにする。この三像は、すでに米倉・黒田両氏によって指摘されているとおり、まず康永《こうえい》二年（一三四三）四月二十三日に直義の主導で神護寺に施入《せにゅう》されたもので、二人が左右に向き合う形になっている。この時点は、足利方は南朝との戦いが優位に進展し、室町幕府の基礎が固まりつつあったときである。尊氏を将軍とし直義は「世務《せいむ》」という名称で鎌倉幕府にたとえれば執権の地位にあり、二人三脚の体制で政治支配を行っていた。それを象徴するかのように対面する姿勢で肖像がセットとなって掲げられたと思われる。義詮像は、その後に観応《かんのう》の擾乱《じょうらん》を経て直義が死去した観応三年（一三五二）、あるいは、尊氏が没して義詮が将軍職に就任した延文三年（一三五八）に追加して施入されたとも考えられる。

A直義像は、容貌がきりっとした端正な顔に描かれ、厳格・公平で、知性豊かな人柄が表現されている。B尊氏像は、垂れ目で大きな福耳を特徴として、おおらかで親しみやすい容貌を示している。C義詮像は、ふっくらとした丸顔の青年で、意欲に満ちた容貌を示している。

京の夢、鎌倉の夢——エピローグ

これまで足利尊氏《あしかがたかうじ》・直義《ただよし》兄弟の相剋をさまざまな角度から検討し、叙述してきた。兄弟がその性格の長所・短所を補い合って協力して鎌倉幕府を崩壊させ、ついで後醍醐《ごだいご》天皇の建武政府（南朝政権）を打倒し、室町幕府・鎌倉府の成立を実現してきた。尊氏は、武門の長である将軍、『難太平記』に記す「弓矢の将軍」としての卓抜した能力を発揮し、一方、直義は「私なき政道」に熟達し「世務《せいむ》」（鎌倉幕府の執権に当たる）として内政全般を取り仕切り、朝廷との折衝に当たる。そのパートナーシップによって、幾度かの危機を乗り越えて政権の樹立、安定に突き進んできた。

しかしすでにみてきたように、その過程で生じた足利氏内部の矛盾が尊氏・直義の対立・抗争、観応《かんのう》の擾乱《じょうらん》という形をとって展開し、最後は薩埵山《さつたやま》合戦で尊氏派の勝利によって決着する。

その矛盾を鋭く分析した佐藤進一氏は、初期室町幕府の官制体制、尊氏の主従制的支配権と直義の統治権的支配権のそれぞれの掌握による人的組織の矛盾としてみごとに解き明かした。私は、それに学びつつも若干の修正を施し、将軍（軍事）と「世務」（内政）の矛盾とした。敵対者を打倒し、合戦に勝利するためには、多くの武士の結集を図る必要がある。結集してきた武士へ恩賞（「一所懸命の地」）を与え、あるいは恩賞を予約して結集する。そのためには、敵方の没収所領はもとより、戦乱のなかで占拠した寺社・公家領までも恩賞の対照になりかねない。ひとたび国家権力として成立した室町幕府は、武家だけの政権ではなく、公家や寺社の支配層、また荘園公領制《しょうえんこうりょうせい》のもとで田畠を耕作し年貢・公事《くじ》を納入する百姓にとっての政権であり、その公平・公正が担保されなければならない。そのためには、武士の横暴の抑止も必要とされる。

それゆえ、尊氏・直義の所管する機関の人的構成が派閥形成を必然化する。尊氏の下で武闘派の最右翼の高師直《こうのもろなお》らと、直義ないし直義派の対立は深刻化していった。当初、尊氏は両者の調停役をもって任じていた。

次に、足利氏一族内の矛盾である。幕府成立前後に尊氏の御落胤である直冬《ただふゆ》が出現したことである。直冬は尊氏夫妻から認知されず、直義の養子となって中国・九州を舞台に活動したが、実の親から見捨てられた恨みを抱き、生涯父を許さずアンチ尊氏として悩ませた。また、尊氏の妻登子は北条一門の赤橋氏の出身で、北条一門のほとんどが滅びたなかで生き残り、しかも夫が北条氏を滅ぼした元凶であるということで悲嘆にくれたことは想像に難くない。おそらく彼女は嫡子義詮《よしあきら》の成長に生きがいを求め、義詮より年長の直冬の出現を喜ばず、義詮の前途にたちふさがるという危惧を持ち、直義に敵意を感じたであろう。これはまったく史料に表現されない「女の戦い」であり、これが尊氏に与えた心理的影響は大きいと思う。

足利氏家臣のなかでも、相伝の家人ともいうべき高《こう》氏と、鎌倉末期に足利貞氏に嫁いだ清子が尊氏・直義を生んだことから上杉氏は頭角を現した。高氏・上杉氏は旧・新の有力家臣として互いに勢力を競いあう関係になり、高師直らは尊氏派、上杉氏は直義派となっていった。

また、尊氏・直義の間に横たわる政権構想の相違もあるのではないかと思う。建武式目《けんむしきもく》制定のとき「柳営《りゅうえい》」（幕府）の所在地を決定せずに発足した。

直義には、建武政権内の鎌倉将軍府を創設し鎌倉に滞在した期間があり、また鎌倉で成育し、父祖の地足利を含む東国に心情的に傾倒し、また鎌倉幕府執権政治を理想化していた。それゆえ、鎌倉に幕府、京都に六波羅探題《ろくはらたんだい》といった統治組織を考えていたかもしれない。これに対して尊氏は六波羅攻めの栄光があり、京都に幕府を開くことを望んでいたと思われる。この二人の考えが相違するなかで、幕府の所在地を確定しないままに発足した足利政権なのである。この相違が東国政策、鎌倉府の相対的自立をどの程度認めるかという点にからんでその対立に微妙な影響を与えたのではないかと思う。

北陸を経て鎌倉に到着した直義の最後の賭けは、養子の基氏と上杉憲顕《うえすぎのりあき》らとともに鎌倉府を固め、兄尊氏との和平を実現し、京都（尊氏—義詮）、鎌倉（直義—基氏）の兄弟国家を実現することであった。しかし、薩埵山の尊氏軍に大軍で圧力をかけ、尊氏が孤立するのをじっと待って、和平を実現するという構想は、東国から蜂起した宇都宮・小山氏らの後詰作戦で実現しなかった。

尊氏はその後しばらく鎌倉に留まり、薩埵山合戦によって成立した東国の政治秩序「薩埵山体制」を固めるために努力することになった。しかし、尊氏の没後、この「薩埵山体制」は崩壊し、義詮・基氏の協議のもとに上杉憲顕が復権し、直義が構想していた鎌倉府の自立、京都・鎌倉の兄弟国家の夢は没後一〇年にして実現されたのである。

あとがき

　私が慶応大学大学院修士課程で、新田氏と新田荘の論文を書いていたとき、少し遅れ同窓の小谷俊彦さんが南北朝期の国衙についての論文を書き、ともに学科の機関誌『史学』に発表することができた。それ以後、小谷氏が大学附属校の教員として教育と研究に従事していたとき、栃木県足利市教育委員会からの要請で『近代足利市史』の編纂を二人は要請された。書名に「近代」がつくのは一九二九年刊行の『足利市史』をやり直すための名称で、それと区別するためのものであった。私たち二人は、地元で研究しておられた菊地卓・柳田貞夫両氏、それに自然・地理を担当する日下部高明氏と協力して中世の資料編と通史編の編纂を行い、一九七七年に完成させた。小谷氏執筆の鎌倉・南北朝時代の叙述は、すでに研究蓄積のあるところだったので優れたでき栄えであり、研究者によって引用されることが多く、やがてその成果は、「鎌倉期足利氏の族的関係について」として発表された。また、巻末に付した清源寺本「高（高階）氏系図」は優れた高氏系図であったので大いに活用された。しかし、長年足利氏関係の遺跡の発掘調査を担当してこられた前沢輝政氏は諸般の事情でこの市史にほとんど参加しておられないので、中世考古学の成果が反映されていない弱点を持つという反省がある。

残念ながら小谷氏は、一九九八年の初夏に病を得て逝去された。本書を執筆しながら、小谷氏との日々、丹波の「酒井家文書」の現地調査など当時の思い出がよみがえってきた。本書は小谷氏の研究に負うところが大きいので、彼に捧げたいと思う。

その後、足利氏の菩提寺である樺崎寺《かばさきでら》の国指定史跡に向けての足利市教育委員会の調査活動に協力して、大沢伸啓・足立佳代両氏らと『法界寺跡発掘調査概要』を一九九五年にまとめ、まもなくこの遺跡の国指定化が実現した。国指定を申請する段階で、旧版の『足利市史』の説、すなわち鑁阿寺《ばんなじ》を上御堂にみたてて、樺崎にある寺は下御堂法界寺であるという説を検討し直した。その結果、鑁阿寺と樺崎寺は氏寺と菩提寺の関係にあるが、上・下の関係でなく、多くの史料が樺崎ないし樺崎寺と記し、山すその一段高いところにある赤見堂（足利義兼の廟所）に対して下の段の平場にのちに「下御堂法界寺」がつくられたことが判明した（池は「赤御堂池」）。その法界寺跡もこの調査で姿を現した。江戸時代に赤御堂は樺崎八幡宮になり、法界寺が寺院としてあり続けたので、この法界寺が樺崎寺の別称であると考えられたのかもしれないが、中世においては全体は樺崎寺で、法界寺はその一部なのである。そのようなわけで、国指定申請の際の名称として従前の「法界寺跡」を全体名称の「樺崎寺跡」に変更したのである。その決定は、発掘調査指導委員会（市文化財保護委員会のオブザーバー参加）の席上でおこなわれたのである。市民の中に誤解する向きもあるので経過を述べた次第である。

樺崎寺の保存整備は着々と進み、数年後の完成を目指し現在は池の整備に取りかかっている。

二〇〇九年二月

峰岸純夫

主要参考文献

青木文彦「内閣文庫所蔵『諸国文書』所収事書に関する基礎的考察」上・下『歴史』八一・八二、一九九三・九四年
足利市編『足利市史』上、永倉活版所、一九二八年
足利市教育委員会文化財保護課編『法界寺跡発掘調査概要』足利市教育委員会、一九九五年
足利市史編さん委員会編『近代足利市史』一、足利市、一九七七年
家永遵嗣「室町幕府の成立」『学習院大学文学部研究年報』五四、二〇〇八年
磯崎達朗「初期鎌倉府再考―南北朝初期の「鎌倉府執事」の性格をめぐって―」『史学』六一―三・四合併号、一九九二年
伊藤喜良『南北朝の動乱』(集英社版『日本の歴史』八)、集英社、一九九二年
漆原徹『中世軍忠状とその世界』吉川弘文館、一九九八年
小国浩寿『鎌倉府体制と東国』吉川弘文館、二〇〇一年
川瀬一馬校注・現代語訳『夢中問答集』(『講談社学術文庫』)、講談社、二〇〇〇年
黒田日出男『絵画史料で歴史を読む』(『ちくまプリマーブックス』)、筑摩書房、二〇〇四年
黒田日出男編著『肖像画を読む』角川書店、一九九八年
小谷俊彦「鎌倉期足利氏の族的関係について」『史学』五〇記念号、一九八〇年

近藤好和「『次将装束抄』と源頼朝像」『名月記研究』二、一九九七年
櫻井彦・樋口州男・錦昭江編『足利尊氏のすべて』新人物往来社、二〇〇八年
佐藤和彦『「太平記」の世界』新人物往来社、一九九〇年
佐藤和彦『南北朝内乱』（小学館版『日本の歴史』一一）、小学館、一九七四年
佐藤進一『南北朝の動乱』（中央公論社版『日本の歴史』九）、中央公論社、一九六五年
佐藤進一「室町幕府開創期の官制体系」『日本中世史論集』岩波書店、一九九〇年
佐多芳彦「伝・頼朝像論」『日本歴史』七〇〇、二〇〇六年
杉山博「足利基氏」佐藤進一編『日本人物史体系』二、朝倉書店、一九五九年
瀬野精一郎『足利直冬』（『人物叢書』）、吉川弘文館、二〇〇五年
高柳光寿『足利尊氏』春秋社、一九五五年（改訂版は一九六九年）
田中義成『南北朝時代史』明治書院、一九二二年
角田朋彦「観応の擾乱と高一族」『史学論集』二六、一九九六年
栃木県立博物館編『足利氏の歴史―尊氏を生んだ世界』展図録、一九八五年
西村恵信『夢中問答』（『NHKライブラリー』）、日本放送出版協会、一九九八年
新田一郎『太平記の時代』（講談社版『日本の歴史』一一）、講談社、二〇〇一年
禰津宗信「室町幕府開創期の禅律寺院領安堵と越訴審理過程―『三浦和田文書』貞和二年七月一九日足利直義下知状案の再検討―」『古文書研究』六四、二〇〇七年
長谷川端『太平記の研究』汲古書院、一九八二年

花田卓司「南北朝期室町幕府における守護・大将の所領給付権限―守護・大将発給の宛行状と預状の分析を中心に―」『古文書研究』六六、二〇〇八年
藤本正行『鎧をまとう人々』吉川弘文館、二〇〇〇年
藤本正行「束帯画像覚書」『歴史評論』六〇六、二〇〇〇年
前沢輝政『足利の歴史』維新書房、一九七一年
松尾剛次『『太平記』(『中公新書』一六〇八)、中央公論社、二〇〇一年
峰岸純夫『中世東国の荘園公領と宗教』吉川弘文館、二〇〇六年
峰岸純夫「南北朝内乱と東国武士」峰岸純夫・小林一岳・黒田基樹編『豊島氏とその時代』新人物往来社、一九九八年
宮島新一『肖像画の視線―源頼朝像から浮世絵まで』吉川弘文館、一九九六年
村井章介『南北朝の動乱』(『日本の時代史』一〇)、吉川弘文館、二〇〇三年
柳田貞夫「足利氏の世界」(私家版)、一九八〇年
山田邦明『鎌倉府と関東』(『歴史学叢書』)、校倉書房、一九九五年
山田敏恭「高一族の相剋―鎌倉期から南北朝期の高氏・南氏・大高氏の基礎的考察―」『ヒストリア』二〇六、二〇〇七年
山田敏恭「足利家時置文再考」『人文研究』二〇〇八年
米倉迪夫『源頼朝像―沈黙の肖像画』(『絵は語る』四)、平凡社、一九九五年(改定新版『平凡社ライブラリー』版は二〇〇六年。本書の末尾に神護寺三像をめぐる研究文献リストが付されている)

参考系図　清源寺本「高（高階）氏系図」

人皇四十代
天武天皇 ― 春彦親王（第一皇子） ― 石見王（従五位上） ― 峯緒王 ― 茂範 ― 師尚 ― 良臣 ― 成忠

- 天武天皇：人皇四十代
- 春彦親王：第一皇子
- 石見王：従五位上
- 峯緒王：始賜高階姓　峯緒王補蔵人之時止王子　仁明天皇御宇承和十二年　神祇伯従四位上
- 茂範：治部大輔従四位上
- 師尚：高階某此承止　業平伊勢国狩使之時斎宮御殿也　実業平仲時三男云々
- 良臣：宮内卿従四位下
- 成忠

成忠 ― 敏忠 ― 業遠 ― 成佐 ― 孝仲 ― 慶順 ― 貞政
　　　　　　　　　　└ 業敏

- 敏忠：右衛門権佐
- 業遠：春宮亮
- 成佐：筑前守
- 業敏：大宰太弐
- 孝仲：号高太夫
- 慶順
- 貞政：飛弾（騨）守

貞政 ― 惟孝 ― 惟頼 ― 惟貞 ― 惟章 ―

- 惟孝：河内守従五位下　母河内守　源朝信（頼カ）朝臣女
- 惟頼：武家始大高太夫従五位下　高新太夫　奥劦十二年合戦　前九年之時奉属　源頼義副将軍云々
- 惟貞：始南義家義国執権　高新太郎又南田舎太郎　（母カ）実源頼義朝臣息女　後冷泉院上臈女房　八幡改乳母足利式部　太夫殿下向時
- 惟章：高七

○父惟貞於下野国足利庄為夜討被討時孕胎内母即行舎兄那須太夫清文之許之時於紫指所生清文養育之後経十六年京都参使云々足利庄下司職長寛年中

足利太郎藤原
改易日高階惟章被補彼
職八条院廳宮賜之下司
職者本補地頭也

義康執権
高瀧口
惟長
母児玉有（庄カ）太夫
家弘女寿永
二年十一月於
備中国水嶋
合戦之時為
平家被討畢

義兼義氏執権
号足次瀧口太郎
惟忠
奥劦合戦之
時相従源義重（兼）
渡土佐湊先陳（陣）
勇士也
文治六年大河
太郎兼住（任）謀
叛之時也

義氏朝（泰カ）氏執権
号太平小太郎
左兵衛尉
惟行
承久合戦之時
為関東方討
取他由（池田カ）左近貫
持畢

号石原左衛門尉
次郎
惟員

女子

女子

女子

女子

康（泰カ）氏頼氏執権
左衛門尉
惟綱

女子

女子

太平弥五郎
左衛門尉
惟氏

女子

女子

女子

女子

太平太郎
法名道妙
惟景

弥太郎左衛門尉
惟家

四郎
惟義

宰相卿

安芸守
惟家

女子

女子

新左衛門尉

高次郎
惟光
号瀧口小次郎

左衛門尉
光貞
号窪田

光朝
号彦部

光継
号彦部
法名光円

女子

四郎刑部丞 惟政 文治六年奥刕合戦之時為先陣致軍忠早（陣）

小次郎 章行 号恒見小次郎

左衛門尉 季氏 次郎

左衛門尉 惟義 七良号窪田

太郎

次郎 時継

次良左衛門尉 光貞

新左衛門尉 宗光

七郎

八郎

十郎

太弐僧都 賢朝

左衛門尉 時重

新左衛門尉 貞朝 法名顕何（阿カ）

女子

師季

次良 朝継 嫡子

高内左衛門尉早世 師光 法名道音

女子

高兵衛尉 惟継

四良左衛門尉 助貞

女子

女子

勘解由左衛門尉 貞有

次郎

孫次郎

女子数輩

和泉守 師連

称法楽寺殿
義氏執権
高次良刑部丞
惟重
義氏令供奉
承久三年六月
十五日合戦之時
於宇治河先懸
捨命了生年
六十歳也和泉
国放光寺領
主奥刕合戦
之時為先陳（陣）
致軍忠訖

義氏執権
刑部左衛門尉
義定
父子依承久之
勲功賞近江
国栗田（太）郡内
辺曽村仰（拝）領
畢

十良太郎
貞光

郷（卿）公

太良左衛門尉　又次良
直貞
又次良　近江守

号太平
観渕
和泉国泉南郡
山直郷吉野里
放光寺相伝之
処正嘉三十一月
相副代々御下文
并手継文書等
奉寄附源頼氏旱

次郎
義重
左衛門尉

次良
惟義

出羽守
義直

七郎
義烋

女子

刑部右衛（介カ）門尉
美作国野分為地頭

右衛門太良
定氏

野分（介カ）太良
長氏

左衛（門脱）尉

七郎

太郎兵衛尉

四郎兵衛尉

美作太郎
師親

次良
師将

○智光寺殿
頼氏家時執権
刑部左衛門尉

重氏
法名重円
△称松本入道
宝治乱之時
致合戦忠訖
近江国栗田
郡辺曽村
義定任後家
契状
正嘉元年五月
十九日賜政所
御下文弥（訖）

女子

女子

惟信
高三郎
水嶋合戦之時
為平家被討早

惟俊
五良

俊貞
称泉右衛門尉

俊氏
左衛門尉

師氏
家時貞氏執権
太（郎左脱カ）衛門尉
法名心伝
母佐野三郎
女称松本
入道乳母
妙智
正安三年
四月十日
死去

師行
貞氏執権
左衛門尉
太良
御内待（侍）所
引付頭人

師秋
美作守
土佐守
太良左衛門尉

師俊
次郎

師澄
称三戸六郎左衛門尉

師業
尾張守五郎

師冬
幡摩（播磨）守参河守
四良左衛門尉

師有
上野亮（介）修理亮
陸奥守
関東官（管）領

師義
掃部助

四郎
三河国瀧山寺

師親
三戸七良
伯父師冬
為猶子

師景
同四郎

師貞
修理亮刑部大輔

師英
修理亮

師緒
五良太郎
宮内大輔

師公
五郎掃部之助

泉新左衛門尉 忠氏
- 四郎
- 五郎

八郎

九郎

十郎

泉刑部左衛門尉 義俊 次良左衛門尉養子也

六郎 惟継 ― 右馬亮（助） 惟清

師重 貞氏高氏執権

- 女子 武蔵守師直室
- 左衛門早世 師義 次郎
- 左兵衛尉早世 師綱 次郎
- 越後守尾張守 師泰 四良刑部丞 ― 左近太夫将監 師世
- （武蔵守参河守）越後守尾張守 師直 五良左衛門尉
  - 左近太夫将監 師詮
  - 武蔵五郎 師夏
- 左衛門尉 大和守駿河守 重茂 ― 左近太夫将監 重教 五郎
- 右衛門尉 豊前権守 師久 ― 豊前五郎 師景
- 輔阿闍梨 貞円 三河国瀧山寺大勧進

惟業

次郎 惟村
権律師 栄賢
左衛門尉 員村
左衛門尉 師員
次良 基村
惟時
次良 惟氏
五郎 章定
左衛門尉 章元
右兵衛尉 章行

(妻脱)師春師兼之母也 女子
惟潔妻 女子

号大多和与一 定義 ○法名行仏 他人為養子 遷平姓

左衛門尉 師成 法名信慶
行義
義胤
女子
定直

左衛門尉 師義
五郎 式部少輔 師継
太良
弥次郎 重定
八郎(貞カ) 師員

孫太郎
孫次郎 義成
弥四良 重久
十郎 行重 太平七郎 義秋為養子

覚増 阿闍梨
増円 観音寺主
幸満丸
熊王丸
玄増 勝光院主
増弁 同院主
幸賀丸
幸福丸

惟氏 右衛門四郎 ○法名法阿
師春 新左衛門尉五良 遁世法名真阿 公方沙汰頭人
師信 八郎

行氏
頼重
女子
師兼 刑部太夫尾張守 五良左衛門尉
女子
女子 南掃部助宗直母
女子
女子
師幸 備前守 八良
九郎

宗久 宮内少輔左近蔵人 宗継息為養子
師連 次郎早世
師秀 越後守刑部丞 師泰為養子跡（彼跡カ）被相続也

重貞（上野之助〔介〕・十郎）
女子（八条左馬頭秀盛室）

重貞 ― 定信
　　 ― 師教

師成
女子

頼基（文永二年下野国足利庄内丸木郷令領知・貞氏執権浄妙寺殿・号南右衛門尉）
├ 惟時（刑部右衛門尉） ― 女子（惟基妻）
├ 頼尚（刑部左衛門尉・四良）
│　├ 基尚（左衛門尉・四郎） ― 氏尚（伊豆守・四郎左衛門尉）
│　├ 左馬助
│　└ 女子
├ 惟基（貞氏執権・右衛門尉・本称掃部之助）
│　├ 惟久（左衛門尉・四郎）
│　│　├ 重久（太郎左衛門尉） ― 重祐（兵部助〔庫カ〕） ― 重家（治部少輔）
│　│　│　　├ 宗祐（太良）
│　│　│　　└ 宗勝（四郎）
│　│　├ 忠久（次郎右衛門尉・河内国四条合戦之時被討早）
│　│　├ 基泰（左馬助）
│　│　└ 惟家（加賀守・五良）
│　├ 惟員（五郎兵衛尉）
│　├ 惟泰（太郎・法名真円）
│　└ 惟行（加賀守・七良）
└ 堀内五郎（号・早世）

十郎

次良　栗崎
定基

兵部助（庫カ）
惟春

貞氏高氏執権
号小高左衛門
重長
○法名長円
公方御沙汰頭人

伊予守法名法智
重成
号大高次郎

兵部助（庫）
重直

五良
重久

左馬助
重政

南弾正左衛門尉早世
惟宗
八郎頼円家嫡
公方御沙汰頭人
○法名宗阿

尊円
刑部阿闍梨

女子

女子

女子

弾正左衛門尉早世
惟潔
法名潔阿
祖父頼円之跡為家嫡
所領并文書等相伝也

弥次郎
宗章
建武二年七月廿五日武劦
土沢合戦之時源直義令供奉討死畢

宮内少輔
宗久
宗継息為嫡子（ママ）

刑部次郎
宗重
伯父重長為猶子

三河守
宗貞
次郎兵衛

刑部次郎
宗忠

左衛門次郎
基教
伯父頼尚為猶子

女子

法号聖理
女子

宗泰妻
女子

尊氏執権公方御沙汰頭人
遠江守

宗継
八郎右衛門舎兄
惟潔為猶子
相続彼跡頼円家嫡也

女子

宗直
掃部助

師兼為養子
宗久
相続彼跡
次良左近
蔵人法名道忠

左京助
惟直
次郎

四郎
宗義

左近太夫
重教
五良将監

女子
陸奥守師有妻

民部少輔早世
宗氏
法名性雨
八郎　継静意跡

右馬助
宗春
五郎法名法宗

兵部大輔
詮宗
九郎

刑部大輔
宗緒
六良

尾張守
宗幸
次郎

蔵人
宗泰
弥次郎

将監九郎
宗頼

九良
宗潔

資棠

女子

宗長

孫九郎
宗茂
太良式部大輔

持宗
六郎

女子

宗高 九郎掃部助

宗家 民部少輔

正妙 次郎

兼人 五郎

女子 成比丘尼 称法忠

重朝 弥次郎

著者紹介

一九三二年、群馬県に生まれる
一九六一年、慶応義塾大学大学院文学研究科修士課程修了
現在、東京都立大学名誉教授

主要著書
中世の東国―地域と権力　中世 災害・戦乱の社会史　新田義貞　中世東国の荘園公領と宗教　中世社会の一揆と宗教

歴史文化ライブラリー
272

足利尊氏と直義
京の夢、鎌倉の夢

二〇〇九年（平成二十一）六月一日　第一刷発行
二〇一七年（平成二十九）四月一日　第四刷発行

著　者　峰《みね》岸《ぎし》純《すみ》夫《お》
発行者　吉川道郎
発行所　株式会社 吉川弘文館
東京都文京区本郷七丁目二番八号
郵便番号一一三―〇〇三三
電話〇三―三八一三―九一五一〈代表〉
振替口座〇〇一〇〇―五―二四四
http://www.yoshikawa-k.co.jp/
印刷＝株式会社 平文社
製本＝ナショナル製本協同組合
装幀＝清水良洋・渡邉雄哉

ISBN978-4-642-05672-4

歴史文化ライブラリー

1996.10

刊行のことば

現今の日本および国際社会は、さまざまな面で大変動の時代を迎えておりますが、近づきつつある二十一世紀は人類史の到達点として、物質的な繁栄のみならず文化や自然・社会環境を謳歌できる平和な社会でなければなりません。しかしながら高度成長・技術革新にともなう急激な変貌は「自己本位な刹那主義」の風潮を生みだし、先人が築いてきた歴史や文化に学ぶ余裕もなく、いまだ明るい人類の将来が展望できていないようにも見えます。このような状況を踏まえ、よりよい二十一世紀社会を築くために、人類誕生から現在に至る「人類の遺産・教訓」としてのあらゆる分野の歴史と文化を「歴史文化ライブラリー」として刊行することといたしました。

小社は、安政四年（一八五七）の創業以来、一貫して歴史学を中心とした専門出版社として書籍を刊行しつづけてまいりました。その経験を生かし、学問成果にもとづいた本叢書を刊行し社会的要請に応えて行きたいと考えております。

現代は、マスメディアが発達した高度情報化社会といわれますが、私どもはあくまでも活字を主体とした出版こそ、ものの本質を考える基礎と信じ、本叢書をとおして社会に訴えてまいりたいと思います。これから生まれでる一冊一冊が、それぞれの読者を知的冒険の旅へと誘い、希望に満ちた人類の未来を構築する糧となれば幸いです。

吉川弘文館

歴史文化ライブラリー

中世史

列島を翔ける平安武士 九州・京都・東国 —— 野口 実
源氏と坂東武士 —— 野口 実
熊谷直実 中世武士の生き方 —— 高橋 修
頼朝と街道 鎌倉政権の東国支配 —— 木村茂光
鎌倉源氏三代記 一門・重臣と源家将軍 —— 永井 晋
鎌倉北条氏の興亡 —— 奥富敬之
三浦一族の中世 —— 高橋秀樹
都市鎌倉の中世史 吾妻鏡の舞台と主役たち —— 秋山哲雄
源 義経 —— 元木泰雄
弓矢と刀剣 中世合戦の実像 —— 近藤好和
騎兵と歩兵の中世史 —— 近藤好和
その後の東国武士団 源平合戦以後 —— 関 幸彦
声と顔の中世史 戦さと訴訟の場景より —— 蔵持重裕
運 慶 その人と芸術 —— 副島弘道
乳母の力 歴史を支えた女たち —— 田端泰子
荒ぶるスサノヲ、七変化 〈中世神話〉の世界 —— 斎藤英喜
曽我物語の史実と虚構 —— 坂井孝一
親 鸞 —— 平松令三
親鸞と歎異抄 —— 今井雅晴
神や仏に出会う時 中世びとの信仰と絆 —— 大喜直彦
神風の武士像 蒙古合戦の真実 —— 関 幸彦
鎌倉幕府の滅亡 —— 細川重男
足利尊氏と直義 京の夢、鎌倉の夢 —— 峰岸純夫
高 師直 室町新秩序の創造者 —— 亀田俊和
新田一族の中世 「武家の棟梁」への道 —— 田中大喜
地獄を二度も見た天皇 光厳院 —— 飯倉晴武
東国の南北朝動乱 北畠親房と国人 —— 伊藤喜良
南朝の真実 忠臣という幻想 —— 亀田俊和
中世の巨大地震 —— 矢田俊文
大飢饉、室町社会を襲う！ —— 清水克行
贈答と宴会の中世 —— 盛本昌広
中世の借金事情 —— 井原今朝男
庭園の中世史 足利義政と東山山荘 —— 飛田範夫
土一揆の時代 —— 神田千里
山城国一揆と戦国社会 —— 川岡 勉
中世武士の城 —— 齋藤慎一
武田信玄 —— 平山 優
歴史の旅 武田信玄を歩く —— 秋山 敬
戦国大名の兵粮事情 —— 久保健一郎
戦乱の中の情報伝達 使者がつなぐ中世京都と在地 —— 酒井紀美
戦国時代の足利将軍 —— 山田康弘

歴史文化ライブラリー

名前と権力の中世史 室町将軍の朝廷戦略——水野智之
戦国貴族の生き残り戦略——岡野友彦
戦国を生きた公家の妻たち——後藤みち子
鉄砲と戦国合戦——宇田川武久
検証 長篠合戦——平山 優
よみがえる安土城——木戸雅寿
検証 本能寺の変——谷口克広
加藤清正 朝鮮侵略の実像——北島万次
落日の豊臣政権 秀吉の憂鬱、不穏な京都——河内将芳
北政所と淀殿 豊臣家を守ろうとした妻たち——小和田哲男
豊臣秀頼——福田千鶴
偽りの外交使節 室町時代の日朝関係——橋本 雄
朝鮮人のみた中世日本——関 周一
ザビエルの同伴者 アンジロー 戦国時代の国際人——岸野 久
海賊たちの中世——金谷匡人
中世 瀬戸内海の旅人たち——山内 譲
アジアのなかの戦国大名 西国の群雄と経営戦略——鹿毛敏夫
琉球王国と戦国大名 島津侵入までの半世紀——黒嶋 敏
天下統一とシルバーラッシュ 銀と戦国の流通革命——本多博之

近世史

神君家康の誕生 東照宮と権現様——曽根原 理
江戸の政権交代と武家屋敷——岩本 馨
江戸の町奉行——南 和男
江戸御留守居役 近世の外交官——笠谷和比古
検証 島原天草一揆——大橋幸泰
大名行列を解剖する 江戸の人材派遣——根岸茂夫
江戸大名の本家と分家——野口朋隆
赤穂浪士の実像——谷口眞子
〈甲賀忍者〉の実像——藤田和敏
江戸の武家名鑑 武鑑と出版競争——藤實久美子
武士という身分 城下町萩の大名家臣団——森下 徹
旗本・御家人の就職事情——山本英貴
武士の奉公 本音と建前 江戸時代の出世と処世術——高野信治
宮中のシェフ、鶴をさばく 江戸時代の朝廷と庖丁道——西村慎太郎
馬と人の江戸時代——兼平賢治
犬と鷹の江戸時代 〈犬公方〉綱吉と〈鷹将軍〉吉宗——根崎光男
紀州藩主 徳川吉宗 明君伝説・宝永地震・隠密御用——藤本清二郎
江戸時代の孝行者 「孝義録」の世界——菅野則子
死者のはたらきと江戸時代 遺訓・家訓・辞世——深谷克己
近世の百姓世界——白川部達夫
江戸の寺社めぐり 鎌倉・江ノ島・お伊勢さん——原 淳一郎
宿場の日本史 街道に生きる——宇佐美ミサ子

歴史文化ライブラリー

江戸のパスポート 旅の不安はどう解消されたか――柴田 純
〈身売り〉の日本史 人身売買から年季奉公へ――下重 清
江戸の捨て子たち その肖像――沢山美果子
江戸の乳と子ども いのちをつなぐ――沢山美果子
歴史人口学で読む江戸日本――浜野 潔
それでも江戸は鎖国だったのか オランダ宿 日本橋長崎屋――片桐一男
江戸の文人サロン 知識人と芸術家たち――揖斐 高
エトロフ島 つくられた国境――菊池勇夫
江戸時代の医師修業 学問・学統・遊学――海原 亮
江戸の流行り病 麻疹騒動はなぜ起こったのか――鈴木則子
江戸幕府の日本地図 国絵図・城絵図・日本図――川村博忠
都市図の系譜と江戸――小澤 弘
江戸の地図屋さん 販売競争の舞台裏――俵 元昭
近世の仏教 華ひらく思想と文化――末木文美士
江戸時代の遊行聖――圭室文雄
ある文人代官の幕末日記 林鶴梁の日常――保田晴男
松陰の本棚 幕末志士たちの読書ネットワーク――桐原健真
幕末の世直し 万人の戦争状態――須田 努
幕末の海防戦略 異国船を隔離せよ――上白石 実
江戸の海外情報ネットワーク――岩下哲典
黒船がやってきた 幕末の情報ネットワーク――岩田みゆき
幕末日本と対外戦争の危機 下関戦争の舞台裏――保谷 徹

近・現代史

五稜郭の戦い 蝦夷地の終焉――菊池勇夫
幕末明治 横浜写真館物語――斎藤多喜夫
水戸学と明治維新――吉田俊純
大久保利通と明治維新――佐々木 克
旧幕臣の明治維新 沼津兵学校とその群像――樋口雄彦
維新政府の密偵たち 御庭番と警察のあいだ――大日方純夫
明治維新と豪農 古橋暉皃の生涯――高木俊輔
京都に残った公家たち 華族の近代――刑部芳則
文明開化 失われた風俗――百瀬 響
西南戦争 戦争の大義と動員される民衆――猪飼隆明
大久保利通と東アジア 国家構想と外交戦略――勝田政治
自由民権運動の系譜 近代日本の言論の力――稲田雅洋
明治の政治家と信仰 クリスチャン民権家の肖像――小川原正道
日赤の創始者 佐野常民《つねたみ》――吉川龍子
文明開化と差別――今西 一
アマテラスと天皇 〈政治シンボル〉の近代史――千葉 慶
大元帥と皇族軍人 明治編――小田部雄次
明治の皇室建築 国家が求めた〈和風〉像――小沢朝江
皇居の近現代史 開かれた皇室像の誕生――河西秀哉

歴史文化ライブラリー

明治神宮の出現——山口輝臣
神都物語 伊勢神宮の近現代史——ジョン・ブリーン
日清・日露戦争と写真報道 戦場を駆ける写真師たち——井上祐子
博覧会と明治の日本——國 雄行
公園の誕生——小野良平
啄木短歌に時代を読む——近藤典彦
鉄道忌避伝説の謎 汽車が来た町、来なかった町——青木栄一
軍隊を誘致せよ 陸海軍と都市形成——松下孝昭
家庭料理の近代——江原絢子
お米と食の近代史——大豆生田 稔
日本酒の近現代史 酒造地の誕生——鈴木芳行
失業と救済の近代史——加瀬和俊
近代日本の就職難物語 「高等遊民」になるけれど——町田祐一
選挙違反の歴史 ウラからみた日本の一〇〇年——季武嘉也
海外観光旅行の誕生——有山輝雄
関東大震災と戒厳令——松尾章一
モダン都市の誕生 大阪の街・東京の街——橋爪紳也
激動昭和と浜口雄幸——川田 稔
昭和天皇とスポーツ 〈玉体〉の近代史——坂上康博
昭和天皇側近たちの戦争——茶谷誠一
大元帥と皇族軍人 大正・昭和編——小田部雄次
海軍将校たちの太平洋戦争——手嶋泰伸
植民地建築紀行 満洲・朝鮮・台湾を歩く——西澤泰彦
帝国日本と植民地都市——橋谷 弘
稲の大東亜共栄圏 帝国日本の〈緑の革命〉——藤原辰史
地図から消えた島々 幻の日本領と南洋探検家たち——長谷川亮一
日中戦争と汪兆銘《おうちょうめい》——小林英夫
自由主義は戦争を止められるのか 芦田均・清沢洌・石橋湛山——上田美和
モダン・ライフと戦争 スクリーンのなかの女性たち——宜野座菜央見
彫刻と戦争の近代——平瀬礼太
軍用機の誕生 日本軍の航空戦略と技術開発——水沢 光
首都防空網と〈空都〉多摩——鈴木芳行
陸軍登戸研究所と謀略戦 科学者たちの戦争——渡辺賢二
帝国日本の技術者たち——沢井 実
〈いのち〉をめぐる近代史 堕胎から人工妊娠中絶へ——岩田重則
強制された健康 日本ファシズム下の生命と身体——藤野 豊
戦争とハンセン病——藤野 豊
「自由の国」の報道統制 大戦下の日系ジャーナリズム——水野剛也
敵国人抑留 戦時下の外国民間人——小宮まゆみ
銃後の社会史 戦死者と遺族——一ノ瀬俊也
海外戦没者の戦後史 遺骨帰還と慰霊——浜井和史
国民学校 皇国の道——戸田金一

歴史文化ライブラリー

学徒出陣 戦争と青春——蜷川壽惠
〈近代沖縄〉の知識人 島袋全発の軌跡——屋嘉比 収
沖縄戦 強制された「集団自決」——林 博史
原爆ドーム 物産陳列館から広島平和記念碑へ——頴原澄子
戦後政治と自衛隊——佐道明広
米軍基地の歴史 世界ネットワークの形成と展開——林 博史
沖縄 占領下を生き抜く 軍用地・通貨・毒ガス——川平成雄
昭和天皇退位論のゆくえ——冨永 望
紙 芝 居 街角のメディア——山本武利
団塊世代の同時代史——天沼 香
鯨を生きる 鯨人の個人史・鯨食の同時代史——赤嶺 淳
丸山真男の思想史学——板垣哲夫
文化財報道と新聞記者——中村俊介

文化史・誌

落書きに歴史をよむ——三上喜孝
霊場の思想——佐藤弘夫
四国遍路 さまざまな祈りの世界——星野英紀・浅川泰宏
跋扈《ばっこ》する怨霊 祟りと鎮魂の日本史——山田雄司
将門伝説の歴史——樋口州男
藤原鎌足、時空をかける 変身と再生の日本史——黒田 智
変貌する清盛 『平家物語』を書きかえる——樋口大祐
鎌倉 古寺を歩く 宗教都市の風景——松尾剛次
空海の文字とことば——岸田知子
鎌倉大仏の謎——塩澤寛樹
日本禅宗の伝説と歴史——中尾良信
水墨画にあそぶ 禅僧たちの風雅——高橋範子
日本人の他界観——久野 昭
観音浄土に船出した人びと 熊野と補陀落渡海——根井 浄
殺生と往生のあいだ 中世仏教と民衆生活——苅米一志
浦島太郎の日本史——三舟隆之
戒名のはなし——藤井正雄
墓と葬送のゆくえ——森 謙二
仏画の見かた 描かれた仏たち——中野照男
ほとけを造った人びと 止利仏師から運慶・快慶まで——根立研介
〈日本美術〉の発見 岡倉天心がめざしたもの——吉田千鶴子
祇園祭 祝祭の京都——川嶋將生
洛中洛外図屛風 つくられた〈京都〉を読み解く——小島道裕
茶の湯の文化史 近世の茶人たち——谷端昭夫
時代劇と風俗考証 やさしい有職故実入門——二木謙一
化粧の日本史 美意識の移りかわり——山村博美
乱舞の中世 白拍子・乱拍子・猿楽——沖本幸子
神社の本殿 建築にみる神の空間——三浦正幸

歴史文化ライブラリー

民俗学・人類学

歴史文化ライブラリー

歴史文化ライブラリー